「治療とは何か」は幸福論です

まだコロナ禍が始まる少し前、私は発達障害（自閉スペクトラム症＝ＡＳＤや注意欠陥・多動性障害＝ＡＤＨＤ）とＨＳＰ（Highly Sensitive Person ＝敏感すぎる人たち）、そして、その見分けがつきにくい「グレーゾーン」と呼ばれるカテゴリーについての本を書きました。それぞれの特徴や見分け方、対処法などについて記した『ＨＳＰと発達障害』（廣済堂出版）という本を世に問い、思いがけない多くの反響をいただきました。

ＨＳＰという生まれ持った過敏な気質・体質が、一般に「自閉症」や「アスペルガー」などと呼ばれる発達障害の人々にも見られることはよくあります。また発達障害でもありＨＳＰでもある、と考えられる人も一定数います（私自身もその疑いがあります）。

それゆえ自分のそうした特徴に悩む人たちは、「果たして自分は発達障害なのか？　ＨＳＰなのか？　それとも……」などと悩むことになります。

それに対する一定の答えを拙著『ＨＳＰと発達障害～空気を読みすぎる人　空気が読めない人』で示したつもりですが、それでも明確な判定ができない人が多いのは事実でしょう。

また、診断テストでいくつかの症状は当てはまるものの、さほど当てはまらないものもあって、発達障害またはＨＳＰ「かもしれない」ぐらいに感じている人は意外に多く、こういう人たちを「発達障害グレーゾーン」「ＨＳＰグレーゾーン」などと言っています。

グレーゾーンが多いのは、ガンや脳梗塞といった病気のように、発達障害もＨＳＰも症状や基準数値といった診断基準になるものが曖昧だからです。

あるウイルスが異常に増殖しているとか、血圧が異常に高いといったはっきりしたものがあればいいですが、あるのは研究機関や行政機関が示すガイドラインやチェックリストのようなものだけ。そこが一般的な病気とは違う、こうした症状の難しいところです。

本書では、発達障害、HSP、あるいは「うつ」といった脳の異常と思われがちな症状が、腸内細菌と深い関係にあるという、最新の医学でわかってきた研究成果をできるだけわかりやすく語っていこうと思います。それと同時に、発達障害とHSPの違いや共通点を、今一度整理してみます。

治療への希望の灯りをともすことはとても大切なことですし、この本を書いた目的の半分はそこにあります。しかし、その一方で言っておきたいことがあります。

それは、こうした症状を治療することだけが素晴らしいことで、**治療がうまくいかないことが不幸なことだと考えるのは大きな間違いではないか**、ということです。

世の中は、個人個人の持つ個性＝多様性をできるだけ尊重しようという流れになっています。それに従って、発達障害の治療の目的を考え直そうという動きも活発になってきました。

従来であれば、自閉スペクトラム症の子どもに対する治療目的は、そうした子どもに「正常な振る舞いができるようにさせる」ことでした。たとえば、手を繰り返し叩くことをやめさせる、アイコンタクトができるようにする——そうやって、自閉スペクトラム症の症状に合致するものをできるだけ減らしていく。それが治療目的の主眼でした。しかし、このゴールを達成するのはとても難しいことで、成功例はごく少数でした。

今では、この考え方は間違っているとされています。**自閉スペクトラム症の症状をなくすことは必ずしもいいことではない。なぜなら、自閉スペクトラム症の症状は、人類の中に存在する「神経の多様性」を表すものであるから**——こうした考え方が主流になってきたのです。

こうして今日では、自閉スペクトラム症の治療の目的や成功の概念を変えようという、患者に寄り添った声が広がってきています。

こうなった理由は、「ちょっと変わった人だけど、人間の多様性は認めなくちゃね」といったことではありません。自閉スペクトラム症という多くの人々とは異なった脳が、この世界に貢献しているという考え。この考えが「自閉スペクトラム症の患者は不自然な行動をしている」という従来の考え方を改めさせる方向に流れを変えていったのです。

やたらと手を叩く、頭をものにぶつける、癇癪《かんしゃく》を起こす、などの行動をやめさせる、そうすることで人間関係の障害を取り除く。それは治療の目的ではなくなったのです。

今では、**あまり害のない行動をやめさせる必要はない、本人と家族の間で一定の相互理解が成立するなら、無理に普通の人のように行動させる必要はない**——こうした考えが主流になってきています。

米国デューク大学自閉症・脳発達研究センターのジェラルディン・ドーソン所長は、アイコンタクトの訓練をしたくないという子どもに対し、「もちろんいい。この世にはアイコンタクトを多くする人もしない人もいるのだから」と告げているようです。またドーソン教授は、「私たちの社会は『人は（一人ひとりが）異なる』という考え方を受け入れるべきだ」とも述べています。

自閉スペクトラム症の早期支援プログラム「ジャスパー（ＪＡＳＰＥＲ）」を開発したカリフォルニア大学ロサンゼルス校セメル神経科学・人間行動学研究所のコニー・カサリ教授は、しゃべることが極度に苦手な子どもたちを治療していますが、こう言っています。

「あまりしゃべらない子どもだって幸せに働いている。ある程度年をとってから自分の言葉で話せるようになるのも、（会話支援機器として有効な）ｉＰａｄを使って早く話せるようになるのも（どちらが幸福ということはなく）同じことだ」

また、先のドーソン教授はこうも言っています。

「患者の家族も治療のゴールを考え直すべきだ。大事なことは、自閉スペクトラム症の患者だと言われなくなることではなく、意味のある仕事を楽しくやることだ。それもできるだけ独立して。つまり、多くの他の人たちと同じように人間らしく生きることだ」

この本では、腸内細菌の置換、食べ物の工夫が発達障害・ＨＳＰに対する有効な治療法になるという最新の知見にふれていきます。しかし、大事なことは「発達障害やＨＳＰを治す」という前に、**「何が満たされたら、治療が成功したと言えるのか」をはっきりさせておく**ことです。

それを考えることは「人にとって幸福とは何か」という、とても深く大切な問題を考えることと同じことです。

私たちにとっての幸福とは、不自由なく話ができることとイコールではないでしょう。アイコンタクトをうまくこなすこととイコールではないでしょう。普通の人たちと同じようにそれができたからと言って、必ずしも幸福になるわけではありません。

そうしたことは、「できないよりできたほうがいいかもしれないけれど、できたからと言ってそれだけでは、発達障害や（症状が類似する）ＨＳＰの症状が軽減されたにすぎない」のです。

発達障害の治療の可能性を高める研究が行われていくことは、もちろん大事なことです。しかし、それと同じぐらい大事なことは、「発達障害やＨＳＰのままであっても十分に幸福になることはできる」ということです。

発達障害やＨＳＰの治療や改善の目的を明確にすると同時に、治療はあくまでも、そこに近づく手段にすぎないし、治療がうまくいったからと言って、それだけでその人が幸福になるとは言えない、ということ。そのことを理解し、治療に向き合ってくださることを切に願います。

２０２３年７月

高田明和

contents

発達障害とＨＳＰと腸内細菌

第1章 発達障害とＨＳＰは似ている？

第2章

空気が読めない発達障害、空気を読みすぎるＨＳＰ

～似ているけども全然違う2つの症状

第3章 腸内細菌なしには生きていけない！
～無菌実験からわかったこと

第4章 ついに発見!?――自閉症唯一の治療法
～「腸内細菌置換療法」は発達障害の未来を変えるか

第5章 なぜ発達障害には「便秘や下痢」が多いのか？

第6章

腸と脳は、どのようにつながっている?

第9章 急増する「発達障害グレーゾーン」の人たち

第10章 心の苦しみを和らげる食べ物

第11章 高齢者の食と性格の変化

第12章

高齢者の性格の偏り

第13章

心の健康が体の健康をつくる

～仏教の教えに学ぶ「心の持ち方」

第1章

発達障害とＨＳＰは似ている？

発達障害とＨＳＰは見分けにくい

腸の状態が脳の状態を左右する。その証拠に、発達障害（とくに自閉スペクトラム症）の人の腸内細菌を健常者の腸内細菌と置き換えると、障害の程度がだいぶ改善されることが最近の研究でわかってきた――。

本書では、３章以降にそのことを説明していきますが、ではなぜ発達障害だけでなく、ＨＳＰのことも取り上げるのかについて説明しておきます。

その理由は「はじめに」でもふれたように、発達障害とはっきり診断されている人は意外に少なく、むしろ「発達障害かもしれない」という程度の人のほうが多いということ。また、人類の５人に１人の割合で存在すると言われる「敏感すぎる人＝ＨＳＰ」の特徴が発達障害の症状と重なること。さらには発達障害とＨＳＰの両方であると言える人も少なくないということです。

発達障害の診断基準には曖昧なところも多く、日本ではまだ専門医が数多くいるわけでもありません。ということは、「自分は発達障害か否か」という肝心なところがはっきりしない人が数多く存在するということです。

ＨＳＰに至っては病気ではないため専門家、専門医はほとんど存在しませんし、「自分はＨＳＰである」と客観的に判断できる人はまずいません。ＨＳＰであるか否かを判定するのも極めて難しいのが現状です。

こうした事情ゆえ「自分はひょっとしたら発達障害（ＨＳＰ）かもしれない」と思っている人はたくさんいます。なぜなら、ほとんどの人は「自分はこういうところが皆より劣っている」といった劣等意識を、多かれ少なかれ抱いているものだからです。

また、その特徴的な症状に自分が当てはまるかどうかのチェックをしてみると、多くの人がいくつかに対して「あるある」と感じてしまう。これも「発達障害かもしれない」「ＨＳＰかもしれない」と多くの人を不安にさせる理由と言えるでしょう。

では、実際にここでチェックをしてみましょう。まずは発達障害のチェックです。

23ページのチェックリストは１９９４年に米国精神医学会によって作られた「ＤＳＭ－Ⅵ」という発達障害診断の国際基準のようなもので、その後改訂されて現在は「ＤＳＭ－５」にバージョンアップされています。

ＤＳＭ－５では発達障害をより細分化して診断するチェックリストになっていますが、

セルフチェックで目安を得るにはちょっと細かすぎるので、以前の包括的なチェックリストで、まずはあなたの発達障害度をチェックしてみましょう。

注意していただきたいのは、ここに挙げた項目は多かれ少なかれ多くの人にある傾向だということ。だから、ちょっとでも思い当たるものをチェックしていくと、ほとんどの項目にチェックが入ってしまうかもしれません。

ポイントは次の３つ。これに当てはまる場合は、チェックを入れてください。


「すごく思い当たる」といった感じで、度合いが激しい

そうである時とそうでない時の「落差」がとても激しい

そのことによって日常生活に支障が出ている

チェック項目が多いと発達障害と診断される可能性も高いわけですが、いくつチェックがついたら発達障害である、というものではありません。むしろ、ある項目の傾向が極端に高いとか、そのことで日常生活にかなりの支障、不具合が出ているといったことのほうが生きていく上で重要です。

図1−1

発達障害度チェック

□　人が何を話しているのかわからないことがある。
□　一つのことに興味を持つと、そのことが頭を離れない。
□　一方的に自分のことばかり話すことがよくある。
□　自分なりの儀式を持ち、それをやらないと不安になる。
□　思ったことをすぐに口に出し後悔したことがある。
□　長い時間、待つことができず途中で帰ったり順番を無視したことがある。
□　物事を先延ばしにする傾向がある。
□　退屈に我慢できない。
□　部屋が片づけられず、家人とよく揉める。
□　買い物がやめられない。
□　料理の段取りが苦手で、作りながら洗ったりと二つのことが同時にできない。
□　ストレスを感じると身体のどこかを動かさずにはいられない。
□　特定の食べ物しか口にしない。偏食が強い。
□　皆が笑っていることが面白く思えないことが多い（微妙な感情の欠如）。
□　頭のなかに次々といろんな考えが浮かんできて不安になる。
□　タバコやアルコールをどうしても手放せない（依存）。
□　目新しいものにすぐに飛びつく（新奇追求傾向）。
□　昼間でも眠くなることがある（睡眠障害）。→人より長く寝る。
□　感情の起伏が激しいと言われる。
□　得意なことと不得意なことの差が激しい。
□　心配事が頭に浮かぶと、どんどん大きくなり不安や恐怖に陥る。
□　人と離れたときや仕事帰りの道でいきなり気分が変わることがよくある。
□　ほかの人が考えもつかないことを考えると言われたことがある（創造性）。
□　学歴、育ちに関係なく自分はダメだと感じることがある（自己肯定感の低さ）。
□　ほかの人が気づかない音や細部が気になることがある。
□　小説や映画でストーリーがよく理解できないことがある。
□　電話が苦手で出るのが怖くなることがある。
□　同じことを何度も繰り返す傾向がある。
□　仕事の期限が守れないことがある。
□　職場でコピー取りや掃除などの雑事が苦手で気が利かないと言われる。

逆に言えば、チェックが多く入ったからといって、普通に暮らせている人が不安になるぐらいなら、こんなチェックはしないほうがましです。理論は理論であり、自分の日々の暮らしに問題がなければ、それは何の問題もないということ。そこを勘違いしないようにしてください。

HSP——敏感ゆえの生きづらさを抱える人たち

次に、HSPであるか否かのチェックをしていきますが、その前に「HSPって何？」という人のために、今一度HSPの概要を説明しておきたいと思います。

HSPについては、これまでの拙著（『「敏感すぎて苦しい」がたちまち解決する本』『HSPと発達障害』など）で繰り返し述べてきましたので、本書と合わせて読んでいただければ幸いですが、ここでもざっと説明しておきましょう。

HSP（Highly Sensitive Person）とは、簡単に言えば、生まれつきとても感受性が強く、敏感な気質を持った人のことで、「過敏性症候群」などとも言われますが、病気ではありません。

1990年代にアメリカの心理学者エレイン・N・アーロン博士が提唱した概念で、どんな社会にもおおよそ15～20％の割合で存在し、人間だけでなく犬や猫、昆虫にさえある気質と言われています。

こうした敏感センサーを備えた生物がなぜ一定数（人間なら、およそ5人に1人）存在するのかと言えば、それは生物が生き残るための生存戦略の一つだということです。

野生動物の世界を見れば一目瞭然ですが、危険を察知する能力は生きていくのに欠かせません。身の危険に対し鈍感でリスク回避ができなければ、たちまち餌食になってしまいます。それを回避するため、集団生活を営む生き物には、例外なく危険察知能力に秀でた者が一定数必要だというわけです。

というわけで、私たち人間にも5人に1人の「敏感さん」がいるということですが、今のような安全な世界に生きていなかった昔の人たちは今の私たちより総じて何倍も敏感で、ちょっとした光の動きや音、匂いといったものに研ぎ澄まされたセンサーを持っていたことでしょう。

しかし人間が生物界の頂点に君臨するようになり、人間同士の間でも戦いをできるだけ回避する安全・安心社会が実現していくにしたがって、私たちのセンサーは鈍っていったと考えられます。

つまり、危険察知能力はさほど必要でなくなり、むしろそれがあり過ぎると生きづらい世の中になっていった、ということのようです。

とはいえ、種全体の生存戦略から考えれば、皆が鈍感になってしまうのはいいことばかりではありません。自然環境の変化や不測の事態に備えておかなければ、いつか絶滅してしまった恐竜のようになってしまうかもしれないのです。

それゆえ一定数の「敏感さん遺伝子」は今も生き残っているのですが、そのセンサーが敏感すぎて刺激や人間関係に過剰反応してしまう人もいます。そんな生きづらさを抱える人たちが現代のＨＳＰなのです。

ＨＳＰには、たとえば次のような特徴があります。

「光や音」などの刺激に弱い（過敏に反応する）。

人の影響を受けやすく、共感性が高い（人との境界線が薄い）。

周囲に気を遣うため疲れやすい。

人ごみが苦手で一人遊びが好き。

図1−2

HSP度（高敏感度）チェック

□ 人の気分に左右されやすい。
□ 音や色、光に敏感で気分が悪くなることがある。
□ サプライズは苦手。
□ 環境の変化に弱い（発達障害は新奇追求型で新しいものが好き）。
□ 飲み会など楽しいことのはずなのに疲れる。
□ 人の言葉をうのみにして判断を間違ったことがある。
□ 映画や芝居の登場人物に感情移入しやすい。
□ ミスや忘れ物が多い。
□ 友達は少ないほうだ。
□ 優柔不断で、なかなか決断できない。
□ 過去を思い出しては後悔する。
□ 親の顔色を見ながら育ったとの自覚がある。
□ 人から何か頼まれると断れない。
□ 自分への悪口を実際に耳にしたことがある。
□ 権威ある人、名のある人の言葉や書籍をそのまま信じる。
□ 気分が即体調に影響する。
□ 下着や洋服の匂い、肌触りが気になって仕方がない。
□ 映画やテレビのバイオレンスシーンを目にすると気分が悪くなる。
□ 自分の親は神経質だと感じたことがある。
□ 気が付くと「一人反省会」をしていることがある。
□ 暗示にかかりやすい。
□ 超常現象に遭遇したことがある。
□ 身の回りに不思議なことがよく起きる。
□ あれをして、これをしてと命令されるとパニックに陥る。
□ 大切な場面を控えると緊張して眠れなかったり動悸が激しい。
□ 悪いことが起きるのではないかと心配になることがある。
□ 人マネが得意で、よく感心される。
□ 嘘や偽善に敏感だと感じる。
□ 天然だねと言われることがある。
□ 実力より低く見られていると感じる。

人に責められると身体的不調に襲われる。

自己肯定感が低く、自分を責める傾向がある（良く言えば優しい）。

サプライズが苦手で何事にも驚きやすい。

こちらもチェックリスト（P27）を用意しましたので、あなたのＨＳＰ度をチェックしてみてください。注意点は、発達障害のチェックの時と同じです。その度合い・落差の激しさ、日常生活への支障。この３点を頭に置いて、そうであればチェックするぐらいの感じでやってみてください。

ＨＳＰ由来のうつ病だった私の経験

発達障害とＨＳＰには共通点が多く、とくに「対人関係が苦手」「自己肯定感が低い」といった共通の特徴があります。だからＨＳＰのことをよく知らない精神科医などが、ＨＳＰを発達障害やうつ病などの精神障害と診断してしまうことはよくあります。

私は若い頃に「自分は何てダメな人間なんだ」と思い悩み、医師免許を返上しようとさえ考えた経験があります。客観的に見れば、私がそのような状態に陥る明確な理由は何もなく、「あなたみたいに恵まれた地位を手に入れ、妻子にも恵まれた人が何を血迷っているんだ」と思われたことでしょう。

　この時、妻にたしなめられ、支えられていなかったら、私はどうなっていたかわかりません。結局、私はうつ病と診断され、ある本がきっかけで立ち直るのに随分と時間がかかりました。かなり昔の話で、その当時はＨＳＰの概念すらありませんから、私は長い間「私はうつ病に罹り、それを克服した」とだけ思っていました。

　それからだいぶ時間が経過し、ＨＳＰのことを知ったのは21世紀に入って少し経った頃だったでしょうか。ＨＳＰは病気ではありませんから、最初は医学とは関係ない話のような気もしていましたが、アーロン博士の研究内容を知るにつれ、「これまで精神障害と言われていたものの一定数は、これが原因だったのではないか」と思うようになりました。

　私の場合で言えば、ＨＳＰという敏感体質を生まれながらに持っていて、ある時、あることがきっかけで引き金が引かれ、うつ病という球が飛び出してしまったということではないか――私はそう思うようになりました。

言ってみれば「ＨＳＰ由来のうつ病」ということになるでしょうか。と同時に、興味のあることには極端に熱中し、得意不得意の差が激しいとか、気がつくと自分のことばかり話してしまっている（親しい人に時々注意されます）といったように、発達障害と言えばそう言えるようなところも大いにあったように思います。

そうだとすると、私のうつ病は「ＨＳＰおよび発達障害由来」であったと言えるのかもしれません。

振り返ってみれば、私は子どもの頃から人と違う行動をとる人間で、変わっているというか、教師から見れば問題児だったと思います。とにかく他人と同じことをするのが嫌いで、皆が白い服を着ていれば黒い服、皆が運動靴でも私は下駄を履いて学校へ行くような子どもでした。友達がいないことはなかったのですが、特別親しい子はいませんでした。

一般的に言えば、落ち着きがなく、人とうまく付き合えない子ども。いわゆる多動性が見られ、コミュニケーションが苦手というわけですから、まさに発達障害の傾向を持った子どもだったのです。

そんな子どもですから母親には苦労をかけたと思います。母はよく学校に呼び出され、

「おたくの息子はなぜ皆と一緒に行動できないのか」と、当時は教師が威張っていた時代ですから「躾《しつけ》がなってない」と言わんばかりの言葉を何度も言われたようです。

そんな問題児でも無事進級できたのは、少しばかり勉強ができたからです。私の弟も周囲に馴染もうとしない変わった子どもだったのですが、ＨＳＰはおろか発達障害という言葉もない時代ですから、私も弟も「あの子、変わってるね」ぐらいの感じで、生きづらさを感じるようなことはなかったと思います。

あの黒柳徹子さんも「変わった子」だったようですが、そういう子でも陰で言われるだけのことで、陰湿なイジメを受けるようなことは今ほどなかったと思います。皆と一緒でない人は許せないという同調圧力は、個性だ多様性だと言われている今の時代のほうが全然強く、他人に対して非寛容だと私は思います。

口では多様性と言いながら、自分と違う人を許せないのは大いなる矛盾です。そんな矛盾に満ちた現代のような気がします。

発達障害とＨＳＰの共通項

話を戻しましょう、このような私の経験からも言えることは、発達障害とＨＳＰはある面、とても似ているということ。そして、私のように両方を兼ね備えている人（というと自慢しているようですが）も一定数いるだろうということです。

両者共通に見られる特徴や症状を挙げると、次のようなものになります。

光や音などの強い刺激に敏感に反応しやすい。
特定の分野において優れた才能を発揮する。
外部と自分との違いに悩み、苦しみを感じている。
大勢での飲み会より少人数の集まりが好き。
頭のなかに次々といろんな考えが浮かぶ。
心配事が浮かぶと、頭から離れなくなってしまう。
想定外の出来事に弱く、パニックを起こしたことがある。
ほかの人には見えないモノが見えることがある。

睡眠障害がある。

本音と建前の区別がつかない。

私自身、「あるある」ということばかりです。ただし、先述の通り、私の場合は発達障害とＨＳＰの両方を兼ね備えている可能性があり、どちらに起因するものかはよくわかりません。原因は両方からきて結果がミックスされているということも十分に考えられます。

それでは、言葉の定義として発達障害とＨＳＰは同じようなものか、と言われれば、それは全く違うということになります。

発達障害は脳のアンバランス、ＨＳＰは脳の過剰反応

では発達障害とＨＳＰは、どこが違うのでしょうか。

前述のように両者に共通する傾向はたくさんありますが、その傾向が出現する理由（原因）が違うのです。

たとえば「大勢より少人数の集まりが好き」である理由。ＨＳＰの場合は、たくさんの人が周囲にいると脳が多くの刺激にいちいち反応して疲れるのですが、発達障害の場合は、相手の気持ちを読み取ることが苦手なため、その空気を読んで会話に入るといったこともできません。だから、そういう場が苦手なのです。

そして「次々といろんな考えが浮かぶ」理由。ＨＳＰの場合は、五感が鋭敏で脳がさまざまな刺激を受けると過剰に反応するからで、発達障害の場合は、外部の刺激を受けて反応するのではなく、自分自身の多動性により脳が過剰に興奮しやすいということが理由です。

また「本音と建前の区別がつかない」理由。ＨＳＰの場合は共感性が強いので、人の言葉に裏表があるなどと考えもせず、素直に信じてしまうからでしょう。発達障害の場合は、そもそも相手の言葉や表情に隠された裏を読み取る能力が弱いため、本音と建前の区別がつかないということになります。

つまり、発達障害とＨＳＰの傾向は共通するものが多いので区別がつきにくいわけですが、医学や脳科学の視点で見れば、その傾向が生じている理由（原因）は全く違います。

わかりやすく言うと**「原因がその人の内部にあるか、外部にあるか」の違い**。

発達障害の人にある傾向（症状）が発生する原因は、脳の機能そのもの、すなわち人間の内部にあります。発達障害の人の脳には健常者にはない偏り（人によって偏り具合は違う）があり、脳のアンバランスが原因で症状が発生していると考えられます。

それに対して、ＨＳＰが「過剰反応」するのは、あくまでも外部からの刺激という原因があって、「困った傾向（症状）」が発生するのは、その結果になります。

ということは、もし、あなたに発達障害とＨＳＰに共通する傾向（症状）があるとして、それがどちらに起因するものかを知りたいとしたら、原因は内部、外部のどちらにあるかを考えてみればいい、ということになります。

その傾向（症状）が特定の外部条件の下で起こるのであればＨＳＰ、常に起きているのであれば発達障害。こう考えればわかりやすいと思います。

ただし、これはあくまでも目安であり、私のようにＨＳＰであり、もしかすると発達障害でもある可能性がある、という人もいますから、「発達障害かＨＳＰのどちらか、はっきりさせたい」という考えはあまり強く持たないほうがいいと思います。

両方を併せ持つとしたら、ある時はＨＳＰ由来の反応、ある時は発達障害由来の反応をしていることも考えられます。あるいは両方が合体して、その傾向（症状）が出ていることも考えられる、ということは頭に入れておいてください。

第2章

空気が読めない発達障害、空気を読みすぎるＨＳＰ

～似ているけども全然違う２つの症状

発達障害とＨＳＰの違いはここにある！

前章で述べたように、発達障害とＨＳＰには傾向や症状が似ているところがたくさんあります。それと同時に、それが発生する理由（原因）は全く違うということも確かです。

発生プロセスを見れば、全く違うことが起こっているにもかかわらず、発達障害とＨＳＰの症状には多くの共通項がある。とても不思議なことですが、これが両者の区別をしにくいものにしているのです。

その一方で、両者には明らかな違いもありますから、どちらによるものかを見極めたい人は、たとえば、次のような点に注目してみてください。

■「対人関係が苦手」に見る違い

・発達障害

空気が読めない＝コミュニケーション障害

・ＨＳＰ

空気を読みすぎて苦しくなる＝他人の言動に振り回される

発達障害もＨＳＰも対人関係が苦手な傾向にありますが、その理由は全く違って、その違いは目に見えることも多いです。先にもふれたように、発達障害は相手の気持ちが読みづらいので、その場の空気を読んで会話をすることが苦手。いわゆる「コミュ障」のような感じです。

一方、察知能力が高いＨＳＰは、相手の気持ちに共感し、寄り添いすぎて、逆に人間関係に振り回されることがよくあります。自分と他人との境界線が薄いのもＨＳＰの大きな特徴です。

■「注意力」に見る違い

・発達障害

興味のあることには執着し、もの凄い集中力・注意力を見せるが、そうでないことは見ようともしない。

・ＨＳＰ

総じて細かいところにまで注意が行き届くが、外部からの刺激に応じて興味や注意が向く対象がコロコロ変わる。

■「衝動性」に見る違い

・発達障害

相手の気持ちや立場を読み取る能力に欠けるため、思ったことをすぐに口に出す衝動性がある。

・ＨＳＰ

他者への共感性は高いが、思いつきで行動するような衝動性は低い。逆に、他者への気持ちを忖度しすぎて身動きが取れなくなったり、慎重になり「石橋を叩きすぎて壊してしまう」ようなところがある。

■「空気を読む」に見る違い

・発達障害

目に見えない場の空気や雰囲気を読み取るのが苦手で、「人の気持ちがわからない」

図2−1

HSPと発達障害の類似点と相違点

	HSP	発達障害
感覚過敏	ある 音・色・匂いなど五感が敏感	ASD・ある
対人関係	相手の気持ちを読みすぎて辛くなる。相手の心まで読み取ることもある	ASD・ある いわゆる「空気が読めない」 ADHD・あまり問題ない
建前と本音	本音を読み取る	ASD・ADHD 言葉をそのまま受け取る
こだわり	ある 頭から離れなくなることがある	ASD・大いにある ADHD・ない（執着は少ない）
不注意	ほかのことに気を取られていると不注意になることがある	ASD・好きなものには細かい ADHD・ある
多動	ある 刺激が強すぎて落ち着かないことも	ASD・あることも ADHD・ある 落ち着きがない
衝動性	ない 石橋を叩いてわたるタイプ	ASD・あることも ADHD・ある

と見られることがある。皮肉や揶揄《やゆ》、ユーモアといった微妙な機知、ニュアンスを感じ取るのが苦手で気の利いたリアクションが取れないため、「真面目で面白みがない人」と見られることもある。

・ＨＳＰ

相手の空気、場の空気を読みすぎ、頭が混乱することが多いため疲れやすい。ＨＳＰのなかには、「空気の層」といった目に見えないはずのものが見える人もいる。

わかりやすく比較できるように、両者の類似点と相違点を表（Ｐ41）にしてみましたので、参考にしてみてください。

ＨＳＰの脳の特徴は、ミラーニューロンと扁桃体にあり

発達障害を「空気が読めない人」、ＨＳＰを「空気を読みすぎる人」と拙著『ＨＳＰと発達障害』のサブタイトルに付けました。また、本書でも先にその説明をしました。というのは、両者の本質的違いをもっとも端的に表す言葉ではないか、と私は思ってい

るからです。

ＨＳＰを「空気を読みすぎる人」と表現するのは、ＨＳＰには、周囲にいる人が考えていること、どんな気持ちでいるかを、自分が体験しているかのように感じる能力があるからで、ＨＳＰはごく当たり前に空気を読みすぎてしまいます。

これはＨＳＰの持つ共感性の強さと鋭い直観の働きによるもので、ＨＳＰにはこの能力が生まれつき備わっています。

ＨＳＰを脳科学の視点から言うと、どういうことが言えるでしょうか。

ＨＳＰはささいな刺激・情報にも脳のセンサーが敏感に反応し、キャッチしてきてしまうため脳が飽和状態になり、心身ともにぐったりしてしまう人が多いと言われます。

有毒ガスの発生をいち早く察知するため、昔の炭鉱はカナリアを籠に入れて持ち込んでいました（ガスを察知するとカナリアが鳴きやむ）が、ＨＳＰの脳にはこの「炭鉱のカナリア」のような察知能力があります。

この能力を生かして危険を察知し、「鈍感な人たち」に知らせるとても有益な役目を担ってきたのがＨＳＰですが、現代社会ではその能力を生かせる場面が減り、むしろ敏感センサーが持ち込む刺激に圧迫され、疲れ果ててしまうのです。

それを象徴的に表現したのが「空気を読みすぎる」という言葉です。

「空気を読みすぎる」理由、つまりＨＳＰの敏感すぎる脳を脳科学の視点から言うと、**ミラーニューロンという脳の神経細胞が人一倍発達している**、という説が成り立ちます。

ミラーニューロンとは、その名の通り脳の中の「鏡細胞」です。

赤ちゃんや幼児は、両親や祖父母、きょうだいの真似をすることでいろいろなことができるようになっていきます。人は、身近な人の行動を自分の脳の鏡に映し、モノマネを繰り返しながら社会性を身に付けたり、技術やノウハウを身につけていきます。真似ることで成長するのです。

この大切な役割を担っているのがミラーニューロンで、「モノマネ細胞」「共感細胞」とも言われますが、ＨＳＰは、このミラーニューロンの働きが生まれつき人並み以上に発達しているのです。

ミラーニューロンが発達しているということは、学習能力が高いことを意味しています。「学ぶ」という言葉は「まね（真似）ぶ」から派生した言葉で、真似することが得意な人は学ぶ力も高い。だから、ミラーニューロンの能力が人より高いＨＳＰには、才能のある人が多いと考えられるのです。

さらに、自分の脳の中にある他人を映す鏡＝ミラーニューロンがよく働くということは、自分と他人とを明確に分ける境界線が薄い。自分は自分、他人は他人という意識が薄く、他人のことを自分に引き寄せて考える「共感性」が高い。

共感性というと、涙もろいとか人情深いといった良いイメージを持つかもしれませんが、ＨＳＰは共感性が過剰なため周囲の人の影響を受けやすく、人に振り回されやすい、といったマイナス面に出てしまうのです。

もう一つ、ＨＳＰの脳の特徴として言われているのは、**扁桃体の過剰反応**です。扁桃《へんとう》体《たい》は脳の側面にある側頭葉の内側にある神経細胞で、その形がアーモンド（扁桃）の形をしていることからこう呼ばれています。

扁桃体は感情の処理に重要な役割を果たしており、とくに、「不安」「恐怖」「怒り」「緊張」といったネガティブな感情に関わっています。

たとえば、ある刺激に対して「嫌だ」「不快だ」と扁桃体が判断を下すと、ストレスホルモンが分泌されます。その結果、心拍数が上がる、血圧が上がる、ドキドキする、手足が震える、汗が出る、吐き気がする、といった身体の反応（情動反応）が起こります。

ＨＳＰの場合は、この扁桃体が過剰反応を起こしがちです。だからＨＳＰは不安や恐怖を感じやすいし、動揺したりパニックになりやすいのです。

扁桃体の過剰な反応が慢性的に繰り返し起こると、うつ病や不安障害にもつながります。こうなるとストレスホルモンの分泌が異常になって、脳のさまざまな機能に悪影響が出たりもします。そうしたことが身体の不調となって現れるわけです。

発達障害の脳には偏りがある

次に発達障害の人の脳がどうなっているかを見ていきましょう。

ＨＳＰの場合は、刺激に対する脳の反応が過剰であることが原因だったのに対し、発達障害の人の場合は、脳の反応ではなく脳のある部分に異常（障害）が生じていることが原因である、と言えばわかりやすいでしょうか。

先に「発達障害の人の脳には健常者にはない偏りがある」と述べました。この「偏り」が生じる原因として脳のある部分に障害があると言ってもいいでしょう。発達障害にさまざまなケースがあるということは、人によってその偏り、障害に違いがあるということです。

「空気が読めない」という発達障害の特徴も、そうしたことが原因になっていると考えられます。刺激に対して脳が過剰反応を起こすのがＨＳＰであるのに対し、そもそも情報や刺激を健常者のように処理する脳の機能がうまく働かないのが発達障害だということです。

それが起こるメカニズムについては、脳と腸との関係について詳しく述べていく次章以降に回しますが、簡単に言えば、脳のある部位に異常があってうまく働かない、あるいは神経伝達回路の障害などによって脳の機能がうまく働かない、といったケースが考えられます。

そうした原因によって「うつ」になったり「不安」になったり、あるいは先に見てきたように「コミュニケーションが苦手」といったＨＳＰにも共通する症状が出ていると考えられるのです。

「発達障害」は１９８７年にアメリカの精神医学会によって作られた診断マニュアルで初めて登場した医学用語です。

「発達障害」の「障害」という言葉に抵抗を示す専門家もいますが、「障害」という日本語はＡＤＨＤ（注意欠陥・多動性障害）の最後のＤ（Disorder）から来たものです。「物事の達成や進行のさまたげになるもの」という意味であって、何かが欠落しているという意味ではありません。さまたげているものをうまくコントロールし、健常者以上の才能やパワーを発揮している人も大勢います。

実際、人間関係が苦手な発達障害の人も、好きなことに対する集中力は素晴らしいという研究者はたくさんいます。学者、タレント、アーティストなどは、こうした発達障害の傾向を持っている人ばかりと言ってもいいかもしれません。彼らは普通の健常者にはない特別な集中力で驚くべきことをやってのける能力を持っているのです。

さらに言えば、自閉スペクトラム症の「スペクトラム」には、意見、現象、症状などが非常に曖昧な境界で連続している、という意味があります。

つまり、発達障害と一口に言ってもそのレベルや症状はさまざまであり、先にも述べた通り、ある意味「どんな人間もある程度は発達障害である」と言っていいのかもしれません。

発達障害とＨＳＰの治療に出てきた可能性

発達障害は脳の障害であり、医学の分野で扱われています。そして今、従来にない知見が出てきたことで、その治療の可能性に光が見え始めています。

そのことを次章から詳しく見ていくことにしますが、日本ではまだ発達障害に関する理解が広く行き渡っているとは言えません。しかし、病気ではないため医学の分野で扱われにくく、一部の精神科医が少し関わっている程度のＨＳＰに至っては、それ以上に理解が広まっているとは言い難いのが現状ではないでしょうか。

ＨＳＰに関しては私も何冊か本を書き、専門のカウンセラーも少ないとはいえ出てきています。それでもまだ、ＨＳＰのことがマスコミで大きく、深く取り上げられたことはほとんどありません。

近年、深い関心を抱く人が急増したことは間違いないと思う一方で、関心の薄い人たちがまだまだ多数派である、というのが現状だと私は思っています。

発達障害やＨＳＰのことが広く理解されていないことに加え、両者の共通点も多いので、医師でさえ混同し、正しく診断されないことがあります。

見てきたように感覚過敏、対人関係が苦手、また時に特殊な才能を見せる、などがＨＳＰの特徴ですが、これらは発達障害にも見られる特徴です。

また、ＨＳＰは周囲の人に影響されやすく神経の昂《たかぶ》りが頻繁に起きるので、それを不安や恐怖と捉えてしまいます。この神経の昂り、そして不安や恐怖を感じた時に現れる「震え」「ドキドキする」「身体が硬直する」などの身体的症状は発達障害の多動性に見られる「落ち着きがなくなる」「身体を頻繁に動かす」などの症状ととても似ていますから、医師によって診断が変わることも起こるのです。

グレーゾーンの人が急増中

1章で自分は発達障害かＨＳＰかのテストをやっていただいた方のなかで、その結果が「どちらにも当てはまる」と思った方がいるかもしれません。実はそういう人はとても多いのです。

どんな病気のチェックテストでも、やってみると「自分もこんなことはあるかも」と思うものです。むしろテストをやってもほとんどチェックがつかないという人のほうが珍しい。多くの人は心身の不調やアンバランスを抱えながら、何とかバランスをとって毎日を送っているのです。

そうしたことに加え、近年のコロナ禍で不安や不調を訴える人は急増しました。外出や人に会って話をしたりすることが不自由になったことで、心身のバランスが保てなくなった人が急増しました。

それがひどくなると誰でも「症状」を抱えていると自覚するようになるわけで、自分は「ひょっとしたらうつ病かも」と思う人が増えるのと比例して、「ひょっとしたら発達障害かも」「ひょっとしたらＨＳＰかも」と思う人も増えていきました。

つまり「発達障害グレーゾーン」や「ＨＳＰグレーゾーン」の人が増え、そんな不安を抱えながら外出もままならない生活を送っているうちに症状が増幅していく悪循環に陥ってしまったわけです。

私の周囲にもそんな人たちが何人かいましたが、そういう人たちに対し私は、「人間である限り不安なこと、調子の悪い日があるのは当たり前のことです。それがあるから自分は正常でないと考える必要はありませんよ」と言ってきたのですが、このことは皆さんにもぜひ覚えておいて欲しいと思います。

たとえ症状がひどくなり「あなたは発達障害です」という医師の言葉を聞いたとしても心配はありません。先にもふれたように障害を表す「Developmental Disorder」の「disorder」は、乱れ、不調といった軽い病気の意味です。ちょっと乱れがあるため「少しだけハンディがある」ぐらいの軽い意味だと思えばいいのです。

そんな時こそ「**ほとんどの人はアンバランスな心の状態を抱えて生きている**」と知っておくことが、気持ちを楽にしてくれるかもしれません。

あとで詳しく述べますが、「困ったこと」ばかりに注目しないこと。それより、長所と短所は裏表と言うように、弱点と強みも裏表と言えますから、その症状を持っているからこそ生まれる特別な力を自分は与えられていると思ってください。

「元気がない」「うつうつして見える」というのは一見短所のようですが、裏を返せば「思慮深い」「集中力がある」という長所につながっています。もっと簡単に言えば、「明るい人」は裏返せば「軽い人」になるし、「暗い人」は「考えが深い人」になる。

お笑い芸人には普段はもの静かで暗い感じの人が意外に多いと聞きますが、そのことをよく物語っていると思います。つまり、強みと弱みはコインの裏表の関係で、それが短所のように見えるということは、今はコインのそちらの面が見えているだけ。それをプラスに変えるには、今の自分を変える必要など何もなく、ただコインを裏返して見せればいいだけなのです。

とはいえ発達障害やＨＳＰのなかには、日常生活のなかで息苦しさ、生きづらさを抱えている人がいるのも事実で、本人以上に周囲の人を困らせ、悩ませるほど深刻な症状を抱える人もいます。

そんな人たちの手助け、サポートができないものかと私たち研究者は努力してきましたが、これまでは試行錯誤の繰り返しで、画期的な成果を上げたとは言えませんでした。

しかし、近年になって、その歴史が変わるかもしれない研究成果が出てきた、と言えそうな話があるのです。その話を次章以降していきたいと思います。

第3章

腸内細菌なしには生きていけない！

～無菌実験からわかったこと

「発達障害の治療とは何か」、もう一度確認してください

さて、この章からは脳と腸のつながりの研究からわかってきた発達障害の治療について、最新の知見を紹介したいと思います。

発達障害の治療に関しては、これまでもさまざまな取り組みがありましたが、残念ながら決め手となる治療法は発見されてこなかったのが現実です。

ところが、ここに来て初めて、現実的で有効な治療法の手掛かりが見つかりつつある、と言ったら驚く方が多いはずです。

皆さんにそれを紹介する前に、２つのことを今一度、心に留めておいていただきたいと思います。

一つは「はじめに」で述べた「発達障害の治療にとって大切なことは何か」という点、もう一つは、１、２章で述べた発達障害とＨＳＰには重なりがあって、見分けにくいと同時に両方である可能性も大いにある、という点です。

誤解を恐れずに言えば、まずは「ついに発達障害の治療法がわかった！」という刺激的なフレーズに、必要以上に前のめりにならないでください、ということです。

現実問題として発達障害にはさまざまなタイプがあり、極端に言えば、一人ひとり症状が違う、と言っても過言ではありません。ＨＳＰも同様です。私たち一人ひとりの顔が違うように、皆さん一人ひとりの身体は、（それと深い関係がある心の在りようも含めて）生まれながらに違います。

「個性」「自分らしさ」などと声高に叫ばれる世の中ですが、言ってみれば皆さんは、生まれながらに個性のかたまり、自分らしさのかたまり、なのです。

それを考えれば、**発達障害の人であろうが、ＨＳＰであろうが、その特徴を持って生まれたこと自体が、その人にとっての個性であり自分らしさである**、ということを、まず確認しておきたい、ということを強調しておきたいと思います。

それを確認した上で、「**発達障害を治療することは、幸福になることとイコールではない**」と、私が先に述べたことをもう一度頭の中に置いてください。その上で、これから述べる発達障害の治療に関する最新の知見にふれていただきたいのです。

そして、これから説明するのは発達障害の治療に関することがメインですが、それはＨＳＰあるいは「ＨＳＰかもしれない」といった人たちにとっても有益な情報となる可能性が大いにあるという点。なぜならＨＳＰと思っていた人が、実は発達障害だった、あるいはＨＳＰでもあるが、発達障害でもあった、という例は想像以上に多いはずだからです。

さらに言えば、１、２章で述べた通り、私たちには多かれ少なかれ「脳の偏り」があるという点。極論が許されるなら「**私たちは例外なく発達障害である**」とも言える存在である、ということも確認しておきたいと思います。

そうであるなら、「発達障害に関する知見など、自分とは無縁だ」と言える人間、それを知ることの意味が全くない人など存在しない、ということになります。

前置きが長くなりましたが、重要な点なので、再度確認していただければ幸いです。

それでは、最新の知見に関することなので、人体に関する医学的な専門用語が混じることはお許しいただき、それでも、一般の方にできるだけわかりやすく説明していきたいと思います。

専門的なことはよくわからなくても、発達障害の治療に関する最新の知見を大づかみでわかっていただければ、たとえそれが皆さんにとって現実的な有益をもたらさなくとも、発達障害やＨＳＰへの理解を格段に深めるものになると信じています。

健康で生きていられるのは「微生物たち」のおかげ

私たちの身体の中には、ものすごい数の微生物が棲んでいる――。

いきなりこう言ってもピンとこないかもしれません。では微生物を「細菌・ウイルス」と言い換えたらおわかりでしょう。細菌もウイルスも私たちの体内に棲んでいる微生物です。

こうした微生物が私たちの体内にどれくらいの数いるのでしょうか。その種類は約１０００種類、数で言うと１００兆個とも２００兆個とも１０００兆個とも言われますが、まあ、すごい数です。

微生物は私たちの胃や腸といった内臓だけでなく、皮膚の表面、口腔内、気道など、外界と接するすべての部位を覆い尽くしています。

驚くことにこの微生物たちは、ものすごい勢いで分裂して数を増やします。また、周囲から遺伝子（ＤＮＡ）を取り込みます。たとえば抗生物質などを使って彼らを攻撃したとしても、すぐに近くにいるウイルスからそれに抵抗する遺伝子を取り込み、自分の身を守っているのです。

こうして、人間だけでなくすべての生き物は微生物と共存しています。共存しているだけでなく、彼らは病原体と闘い、自分の棲み処である生物（もちろん人間も）を守ってくれています。地球上に無数の生物が存在できるのは、微生物たちのおかげと言ってもいいのです。

それだけでなく、微生物は食べ物からビタミンを作ったり、必要な物質を引き出し、私たちに栄養を与えたりしてくれます。彼らは私たちが生きていくのをすごく助けてくれます。彼らがいなければ、私たちは健康でいられない、ということです。

ただ、そんな微生物たちを日常的に目にするわけではありませんから、健康である限り、自分と共存している微生物に関心を持つことはないでしょう。健康な人は、自分の心臓や肝臓のことをほとんど気にしないのと同じです。

セロトニンやドーパミンを作っていたのは「腸内細菌」だった

こうした微生物のうち、腸内（大腸）に棲みついたものを「腸内細菌」と言ったり

「腸内フローラ」と言ったりするのを知っている人も多いでしょう。最近の研究者の世界では、腸内細菌のことを「ミクロビオータ（microbiota）」などと呼んでいます。腸内に棲みついた細菌、酵母、真菌、ウイルス、原虫など、あらゆる微生物のことをこう呼ぶのですが、この本では主に皆さんが耳馴染みのある「腸内細菌」でいくことにします。

　腸内細菌がどういう働きをするのかについての研究は古くからありましたが、本格化したのはここ50年ぐらいです。同時に、脳と腸の関係についての研究も近年盛んになってきました。

『セカンドブレイン―腸にも脳がある！』（小学館）の著書で知られる米コロンビア大学のマイケル・D・ガーション博士は、消化管（とくに腸）を取り巻く神経系を「**第二の脳**」と名付け、腸の重要性に注目しました。

　博士は、脳と第二の脳である消化管の関連を研究し、両方にとって良い食べ物を「良い食べ物」と定義したりしました。そうした研究が進んだ結果、私たちの身体にとって良い細菌を、近年では「プロバイオティクス（善玉菌）」と言っていますが、なかでも研究者の間で注目されているのは、サイコバイオティクス（精神活性化微生物）です。

　とっつきにくい言葉が続いて恐縮ですが、要は、うつ病など、心の病いを患った人を救うような働きがある細菌のことです。「そんな細菌が本当にあるの？」と思うかもしれませんが、ギャバ（GABA）、セロトニン、ドーパミンといった言葉なら聞いたことがあるでしょう。人の気分を改善する有名な脳内物質で、こうした物質を作りだす細菌をこう呼ぶのです。

脳と腸の連携について最初に理論を提唱したのは、18世紀のフランスの解剖学者、マリー・ビシャです。彼は「腸は脳の中枢神経系とは別の神経系を持っていて、腸の神経系は消化管を二重に取り囲んでいる」としました。

彼は人間の感情と消化管には関係があって、その場所は「みぞおち」の部分だと言いましたが、20世紀の終わり頃になってマイケル・ガーションはこの言葉を取り消し、〝腸神経系〟を第二の脳だとしたのです。

ビシャにしろガーションにしろ、要するに、私たちの「気分」というものに腸が深く関係していることを示したわけです。腸が健康な時には気分がいいし、危険な病原体が侵入すると不安、うつ状態になる――こう考えたのです。

この腸と気分の関係をつなぐものこそが腸内細菌（ミクロビオータ）なのです。そして、あなたに友好的な微生物はあなたの気分を良くします。とくにこれを「サイコバイオティクス」と呼んでいます。

あなたの腸内細菌は脳と常に連絡をとっています。連絡役を担うのは、腸内細菌が作りだすホルモン、神経伝達物質、免疫物質などです。

たとえば、消化管に有害物質や病原菌が入り込むと、最初は局所の免疫が働きます。ナチュラル・キラー細胞（ＮＫ細胞）などが、敵をやっつけるために緊急出動するわけです。しかし、これで収まらないと病原菌や毒素は血液を伝わって全身に送られ、炎症が起こります。すると、これが脳の反応に変化をもたらし、不安やうつ状態を作りだす。

腸の状態が脳の気分に作用するというのは、簡単に言えば、こういうことが起こるからだと、まずは理解してください。

無菌人間デービッドの結末

細菌やウイルスといった微生物が感染をもたらし、人間を苦しめるのは、インフルエンザやコロナ禍の経験から誰でも知っています。今でもスーパーの入口などには消毒液がおいてあり、手洗いを欠かさない人もまだ多いことでしょう。この世に細菌やウイルスがなければ、人間にとってどんなに良い世界になるだろうと思うかもしれません。

細菌と言えば、フランスの細菌学者ルイ・パスツールの名前は多くの方が知るところでしょう。彼は細菌との闘いに一生を捧げたような人でした。しかし、そんなパスツールが、「すべての動物の健康にとって細菌は不可欠なものだ」と信じていたことは意外なことかもしれません。

当時の研究者の多くはパスツールの「細菌は人間に必要なもの」という意見に反対でした。それを証明するために、10年以上かけてマックス・ショテリウスはついに無菌の鶏を繁殖させることに成功しましたが、生まれた鶏はすべて病弱で、細菌を体内に戻してやらなければ、すぐに死んでしまったのです。

その後、無菌の鶏を40日生かすことができたという研究報告があり、再び無菌状態への関心が集まりました、というのも当時の多くの研究者が、細菌はすべて有害だと思っていたからです。その考えをさらに推し進めたのが、有名なアレクサンダー・フレミング（イギリス）によるペニシリンの発見でした。

フレミングは細菌の培養をしていましたが、ある日、培養中のシャーレの一部にカビが生え、その周辺だけ細菌が死滅しているのを見つけます。抗菌物質の発見でした。「ペニシリン」と名付けられたこの発見により、人々の無菌に対する夢が再燃します。もし、子どもの体内を無菌状態にできたら、変な病気にもかからず、きっと幸せなキッズになるだろうと期待されたのです。

　この夢を実現するため、まずは無菌のマウス、さらに無菌の豚なども作られたのですが、なかなか成功しませんでした。しかしその後、１９７１年になって、何と無菌の人間が誕生します。重症の複合免疫不全症（ＳＣＩＤ）の子どもとして生まれ、誕生直後から無菌カプセルに隔離されたデービッド・ベッターです。

　彼の両親も同じ病気の遺伝子をもっていたのですが、医師はデービッドの妹が生まれたらその骨髄を移植すればよいとして出産を勧めました。しかし生まれた妹は血液型が合わず、デービッドは外部と隔離された無菌カプセル（バブル）の中で生きることになったのです。

　デービッドは不健康な様子で、極度にうつ状態でした。その後、免疫抑制剤の改善で妹の骨髄が移植することができたのですが、これがウイルスを含んでいたことに気づかず、結局デービッドは12歳で亡くなってしまいました。

人は「無菌では生きていけない」ことがわかった！

無菌の夢とその失敗の話をしたのは、実は最近の腸内細菌と脳の異常の関係に関するデータの多くは、無菌マウスの研究から得られたものだからです。

まず、ある種のビタミンは腸内細菌から作られるので、腸内細菌がないとマウスは生きられません。また、無菌マウスは脂肪などをいくら与えても太らないこともわかりました。つまりカロリーを吸収できないのです。さらに免疫系も発達しないので、腸管に有害物質が簡単に入ったり出たりしてしまう。普通は病原にならないような微生物を一匹入れるだけでも感染を起こしてしまうのです。

さらに重要な発見は、抗生物質が身体に良い細菌も殺してしまうということでした。最近の研究では、若い時に感染症になり、抗生物質をたくさん与えられた子どもは発達障害になりやすいと言われています。

抗生物質で細菌が死滅すると、細菌により増殖が抑えられていたカンディダという真菌が増殖します。カンディダは腸管の細胞に穴をあけ、スカスカにしてしまう。すると、腸内の物質が血液に入り、脳に送られる。このような患者は強度のうつ病になることが知られているのです。

こうした無菌実験を通し、私たち人間は細菌やウイルスといった微生物と共存していることが完全に証明されたと言っていいでしょう。このバランスが乱されると全身、とくに脳の働きが異常になってしまうのです。

無菌マウスは非常にストレスの影響を受けやすく、その結果、脳血管系に異常を示すことが知られています。

では、本当に脳に異常があるのでしょうか。

２００４年に九州大学の須藤信行教授らは無菌マウスの脳はストレスに異常に反応し、視床下部―下垂体系の反応が普通のマウスよりも強いということを見出しました。また、脳を刺激し、細胞を増殖させる液性たんぱく質物質（神経栄養因子）が無菌マウスでは減っていることも示したのです。

つまり、脳の構造も反応もストレスに弱いことが示されたのです。

さて、脳と腸内細菌には深い関係があり、私たちが心身ともに健康で生きていくためには、微生物との共存が不可欠であることを理解していただけたでしょうか。

では、次に、脳の異常の中で、最近急増している発達障害、とくに自閉スペクトラム症に注目し、苦しんでいる方々にどうしたら社会に適応でき、苦しみを和らげることができるかを述べていきたいと思います。

第4章

ついに発見!?
――自閉症唯一の治療法

～「腸内細菌置換療法」は
発達障害の未来を変えるか

「ネイチャー」で発表された自閉症唯一の治療法

私は今、東京のある大学の医学部精神科の研究者と発達障害について共同研究をしています。この大学の精神科にある「発達障害研究センター」は、日本で有数の研究施設です。

２０２０年、有名な科学誌「ネイチャー」に発達障害の特集が掲載されました。簡単に言うと、発達障害、とくに「**自閉スペクトラム症の唯一の治療法は、健康な便と患者の便を置き換えること**」だということでした。

この論文は、それまで研究され発表されてきたことをまとめたもので、とくに新しいことが書いてあるわけではなかったのですが、「ネイチャー」の特集なので、人々の注目を集めました。それまでうつ病や認知症などを研究していた精神科の教室が、急に発達障害の患者の便を調べるようになったということが印象的でした。

発達障害と便の関係は、今では発達障害の治療法につながる研究として、世界的に注目されているテーマです。どうしてそういうことがわかってきたかを説明しましょう。

腸内細菌の置き換え実験は、こうやって行われた

生まれてすぐに激しい耳の感染症にかかってしまったアメリカ人の男の子（仮にＡ君とします）がいました。それを治療するために大量の抗生物質がＡ君に与えられます。するとＡ君の便はひどい悪臭を放つようになったのです。

Ａ君は下痢が続き、痙攣《けいれん》を起こすようにもなりました。それだけではありません。Ａ君は１歳の時、それまで覚えた片言の言葉を話せなくなり、人と目を合わせなくなったのです。

医師の診断は、発達障害の一つである自閉スペクトラム症（ＡＳＤ）でした。年齢を重ねていったＡ君は、やがて手で耳をふさいで大きな音を聞かないようになり、人の中に入るのも恐れるようになりました。

そんな頃、Ａ君の父親は、アリゾナ大学で行われる自閉症の新しい治療法の研究への参加募集広告を見つけ、応募することにしました。

自閉スペクトラム症の患者は、世界で見ると１６０人に１人とも言われますが、自閉

スペクトラム症の定義に国ごとの違いもあり、実際の数はもっと多いとされます。ちなみに、韓国の患者数の割合は２・６５％。日本では２０２０年に発表された弘前大学の調査で３・２２％、つまり１００人に３人程度と言われています。

子どもの食事を変えたり、プロバイオティクス（乳酸菌など人に有益と考えられる微生物）を与えたりすると、消化器の症状が改善するだけでなく、行動にも変化が見られるということは従来から言われてきたことで、実際、自閉スペクトラム症の子どもの腸内細菌は健常の子どもの腸内細菌とは異なることも報告されていました。

アリゾナ大学はこれをしっかり調査・研究しようと患者を募集し、A君の父親はそれを見て応募したのです。結局、A君を含め7歳から16歳の自閉スペクトラム症の子ども18人が参加することになりました。彼らは皆、消化器の症状（激しい下痢、腹痛、便秘など）を持っていました。

調査はこういう方法で行われました。

子どもたちに抗生物質を2週間与え、腸内細菌を死滅させる。

その後、健常な子どもの腸内細菌（つまりは便）を飲み込ませ、これを7、8週続ける。その際、腸内細菌を死滅させないために、胃液中和剤も与える。

「腸内細菌置き換え実験」の驚くべき結果

結果は次のようなものでした。

18週後、80%の子どもの胃腸障害はなくなっていた。

同時に追跡調査した自閉スペクトラム症指数（自閉症傾向の度合いを測る目安）は、2年間で全体的に47%低下していた。

また、子どもたちの腸内細菌は多様性を増していた。

腸内細菌の多様性が増したというのは、普通自閉症の子どもの腸には少ないビフィドバクテリウム（ビフィズス菌）とかプレボテラという細菌の数が多くなっていたということですが、それにしても腸内細菌を健常者のものと置き換えることで、自閉スペクトラム症の指数が半分近く下がったというのは、驚くべき結果です。

そもそも自閉スペクトラム症は脳に起こる障害です。腸内細菌の変化が自閉スペクトラム症の度合いを軽減させたとすれば、**腸内環境の変化が、脳に変化を及ぼした**と考える以外にありません。

それについて説明する前に、自閉スペクトラム症の人の脳はどのようになっているのかを簡単に説明しておきましょう。

大きな刺激に対して「不安」を感じる脳

自閉スペクトラム症の子どもの症状には個人差があり、極端に言えば、一人ひとり皆違うと言ってもいいほどです。ただ、最大公約数的に言えば、次のような症状のどれかが見られる場合が多い、ということは言えるでしょう。

相手の目をしっかり見られない
相手の言葉の意味を理解できない

大きな音に耐えられない
人の多いところにいられない

こうした症状があると、健常者の脳とは何か違いがあるのではないかと疑うのが普通でしょう。実際調べてみると、脳に違いがあることがわかっています。

「相手の言葉の意味を理解できない」以外は、異常に恐怖や不安を感じてしまう脳を持っているのが自閉スペクトラム症の特徴と言えます。では、恐怖や不安を感じる脳の部位はどこか、ということです。

まず、他人に恐怖を感じる場合を考えてみましょう。

私たちが他人を見るとき、その像は目から入り、視神経を伝わって、後頭葉の視覚野に送られます。

その像が何であるかを判断するのは、脳の**前頭葉**です。

過去の記憶を溜めているのは脳の**海馬**という部分ですが、前頭葉で、今見ている像と海馬から送られた記憶の像を照らし合わせ、たとえば、自分にとって「不快なことをした人だな」と判断されます。

すると、この「不快な人＝嫌な人」という情報は、次に私たちの感情を司る**扁桃体**という部位に送られ、そこで恐怖・不安という感情になるのです。

扁桃は感情の中枢と言われる脳の部位で、たとえば猫の扁桃に電極を差し込んで刺激すると、近くに何もないのに毛を逆立てたり唸り声を出したりする。怒りや恐怖の感情にかられるのは、扁桃が刺激されている証拠なのです。

発作的に他人に暴力を振るう傾向がある人、すなわち突然キレやすい人の扁桃に電極を入れ、その変化を調べた研究があります。

その人は気持ちよくギターの弾き語りをしていたのですが、ある瞬間、突然怒りを爆発させ、ギターを振り回して周囲にあるものを叩き始めました。その際は扁桃の細胞が激しく活動していたのですが、怒りの発作が収まり、扁桃の活動が鎮まると、何事もなかったかのように、またニコニコと歌を歌いだしたのです。

こうした脳の記憶と扁桃の動きは、声や音への反応でも見られます。

大きな音を聞いたり人々のしゃべり声を聞いたりすると、その情報は耳から入り、**側**

頭葉の聴覚中枢を刺激します。私たちはこの聴覚情報と目で見た視覚情報によって、声や音を出しているのはどのような人かを判断します。

そこに過去の記憶が関係する場合、とくに過去の嫌な記憶やそれと似ている記憶は、強い恐怖と不安を与えるのです。

自閉スペクトラム症の人に特徴的なのは、それが過去に知っている人の声や刺激でなくても、大きな刺激に対し不安を感じる傾向が強いことです。ＨＳＰにもこの傾向がある人は多く、発達障害とＨＳＰの共通点と言えるでしょう。

ともあれ、このようなことがわかってくると、自閉スペクトラム症の子どもの脳は健常な子どもの脳と異なるのではないかと思うのは当然で、その研究も進められてきました。

自閉スペクトラム症の脳の特徴

自閉スペクトラム症の子どもの脳の研究結果は、どのようなものだったでしょうか。

まず「**自閉症の子どもの海馬は大きい**」という報告があります。一方、扁桃については大きいという報告もあれば、小さいという報告もあり、まちまちです。

では、運動に関係すると言われ、最近では社会性や認知機能に関係するとも言われる小脳はどうでしょうか。「自閉症の子どもの小脳は小さい」とされています。

また、最近の複数の研究によれば、「**自閉スペクトラム症の子どもの特定の脳の領域の発達は極めて早い**」と報告されています。このことは「自閉症の子どもの大脳皮質の面積は（そうでない子どもよりも）大きい」ということを意味しています。

ただし、自閉症の子どもの脳の体積は20歳を過ぎると縮小に転じるとされますし、さらに拡散ＭＲＩという検査法で調べると、脳の部位と部位をつなぎ、調整する「白質」という構造が欠けていることが多いということです。

このように、これまでの研究を総合すると、たしかに自閉症の子どもの脳は普通の子どもの脳とは異なっていますが、今のところ、これが原因だという発見はない。つまり、自閉スペクトラム症の子どもの脳には、普通の子どもの脳とは異なる変化や特徴が見られる。しかし、自閉症に特有のもの＝これが原因だと言えるものは見つかっていない、ということになるでしょう。

アスペルガーが主張した自閉症児の「特殊な才能」

問題は、このような特徴ある脳の変化を起こさないようにすることはできないか、また起きてしまった変化が子どもの生き方を苦しめないようにできないかということです。

脳は絶え間なく変化します。歳を取っても変化し、それは時に私たちを救うことがあります（このことは後の章で詳しく述べます）。

つまり脳が変化しても、それが私たち親または子どもを不幸にしなければ良いということです。

自閉スペクトラム症の子どもは、以前は「**アスペルガー症候群**」と呼ばれていました。オーストリア生まれの小児科医ハンス・アスペルガーは自閉症の子どもに興味を持ち、「ある自閉症の子どもには他の人には見られない才能がある」と記しています。

彼の患者の一人であるフィリップは後に天文学を専攻し、ニュートンの説の誤りを見つけたとされます。オーストリアの小説家で２００４年にノーベル文学賞を受賞したエルフリーデ・イェリネクも彼の患者でした。

しかし、彼は多くの自閉症の人は利益よりも損失をもたらすと主張し、彼らをナチスの殺害プログラムに送ったとされます。自閉症の特徴は社会的には利益よりも障害であり、重度障害の被験者は社会的価値がほとんどないと主張しています。

最近、コンピュータの原型を作ったジョン・フォン・ノイマン（アメリカ）が話題になっています。彼はハンガリーの出身で、最初は数学者としてスタートしました。その後物理学に転じ、量子力学で「ノイマン方程式」を提唱しました。アメリカに渡ってからはコンピュータの製作に関与し、その後は経済学、気象学でも偉大な業績を上げました。

ノイマンの記憶力は抜群で、９桁×９桁の結果を一瞬で出してみせたと言われる一方で、自宅の食堂の食器がどこにあるか、全くわからなかったということです。

同じことはドイツの暗号機、エニグマの解読で有名なアラン・チューリング（イギリス）にも言えます。彼は文科系の才能はなく、自閉症の多くの症状をもっていたと言われています。

このような天才たちは特別な例かもしれません。しかし、他人が気づくか気づかないかの違いはあれ、人と違っていることは決して悪いことではなく、むしろ優れている面を示している場合が多い。つまり「**他人と違うこと自体がその人を救っている**」という面は必ずある、と私は思っています。

第5章

なぜ発達障害には「便秘や下痢」が多いのか？

発達障害は3つに分けられる

発達障害のなかでも、とくに自閉スペクトラム症の子どもたちに便秘や下痢が多いことは従来から言われていたことでした。そのことにふれる前に、まず発達障害と自閉症の関係について簡単に述べておきましょう。

発達障害とは、自閉スペクトラム症（ASD）、注意欠陥・多動性（ADHD）、学習障害（LD）などの総称です。そして、これらは後天的なものではなく、生まれつきだとされています。

自閉スペクトラム症の子どもは「他人との付き合い方がわからない」「人と目を合わせることができない」といった特徴が知られています。また、初めての場所などに行くと不安で動けなくなり、突然大きな声を出したりすることもある一方で、よく知っている場所、知り合いの多い場所に行くと、何かにとても根気よく取り組みます。「何かにとりつかれているようだ」と表現する人もいます。

話をする時は、自分のことばかり話す傾向があり、そのため「他人の気持ちがわからない」「空気が読めない」などと言われたりします。

一方、ＡＤＨＤの人には「気持ちが集中できない」「考えるよりも先に衝動的に行動してしまう」などの特徴があります。もう一つの学習障害の人は知的活動が苦手で、聴いたり、話したり、読んだりする能力に問題を抱え、これらの障害が複数重なっている場合もあるので「学習障害」とくくられているわけです。

発達障害に便秘や下痢の割合が多い理由

さて先ほど、発達障害の人たちには消化管の異常が見られることが多く、便秘や下痢になりやすいと述べました。

私が知っている自閉症傾向のあるＢさんも、長年便秘に苦しんでいます。専門的には機能的便秘などと言われていますが、要は、便を排出するための腸の「ぜん動運動」という機能がうまく働かないため便を出しにくいという症状で、腸に腫瘍や閉塞があるといった物理的な原因は全くないのです。

実際に発達障害の子どもを調べたら、およそ半数に便秘が見られたという報告もあります。

便秘とは逆に下痢の症状を示したり、腹痛で苦しんだりする人もいます。しかし、こうした症状が細菌からの感染によるものではないかと、医師が抗生物質を投与してしまうと、もっと症状が悪くなります。

その原因は最近までわからなかったのですが、腸内細菌の異常で腸管上皮の透過性が高まり、腸内細菌が作りだした有害物質が腸内に入ってきてしまうことが原因の一つだとわかってきています。また、そうした刺激が迷走神経を介して脳に伝えられると、さまざまな精神症状が現れるとも言われています。

通常なら、腸内細菌の作り出した有害物質が、血液を介して脳に送られることはありません。病原体や有害物質を通さない脳血液関門の働きにより、そうした物質は脳に入れない仕組みになっているのですが、一定数の発達障害の人の場合はこの関門が壊れ、有害物質が自由に脳に入れるようになってしまうことがあるのです。

このような有害物質は脳内のグリアと呼ばれる支持細胞を刺激し、多くの炎症物質を出させます。その結果、ＡＬＳ（筋萎縮性側索硬化症）やパーキンソン病、時にアルツハイマーなど病が引き起こされるのです。

自閉症治療に用いられた幸せホルモン

ここで、自閉症の治療の歴史を簡単に説明しておきたいと思います。実は、自閉症には薬物や手術といった決定的な治療法はこれまでありませんでした。ただ、治療の試みが続けられていたのは事実です。

近年、日本でも試みられたのは、別名「幸せホルモン」と言われるオキシトシンというホルモンを鼻から噴霧するという治療法です。

１９０８年、イギリスの薬理学者ヘンリー・デールによって下垂体から分泌されるあるホルモンに子宮を収縮させ、陣痛を促したりする作用があることが発見され、オキシトシンと呼ばれるようになりました。このホルモンは視床下部で作られ、下垂体から分泌されます。さらにこのホルモンには、乳汁の分泌作用があることがわかりました。

２００５年前後になると、「オキシトシンには人への信頼を強くさせる働きがある」という刺激的な報告が出され、一躍注目を集めます。そして、オキシトシンが自閉スペクトラム症に効果があるのではないかと、多くの論文が出されました。恐怖心を減らす、人と目を合わせるようになる、人に会った時の表情の改善など人間関係を良くする多くの報告が発表されたのです。

大阪大学と金沢大学によって報告された例を紹介しましょう。

発達障害のある患者は3歳の時から診察を受け、言語療法、遊戯療法などを受けていました。中学時代まで対人関係はほとんどなく、何かして欲しい時は家族に接してきましたが、それ以外はほとんど一人でいたということです。20歳までに何度か知能検査を受け、重度の知能障害をもつ自閉症と診断されていました。

この患者が20歳の時、オキシトシン治療が試されます。患者にオキシトシンのスプレーを噴霧したところ、医師を見つめる目つきは穏やかになり、笑顔も浮かびました。しかし、毎日、朝夕にオキシトシンを噴霧する作業を母親が怠るようになると元に戻ってしまったということです。

これとは別に2021年、権威ある医学誌「ニューイングランド・ジャーナル・オブ・メディシン」に自閉症の子どもにオキシトシンを投与したが効果がなかったという論文が出され、この治療法に懐疑的な人も増えているというのが現状です。

こうした結果を踏まえ、**現在、多くの治療現場で行われているのは、「生き方を覚えさせる」方法**です。

その一つは「**自律スキル**」と呼ばれるもの。これは、自分ができないこと・苦手なことと、できること・得意なことの両方を自分で理解し、できないことは他人にはっきり伝え、できることだけを積極的にしていく方法。つまり、成功体験を増やすことで自己肯定感を高め、自信をつけさせるメソッドです。

もう一つの「**ソーシャルスキル**」と呼ばれるメソッドは、自分ができない、わからないことは他人に教えてもらったり、手伝ってもらいこなすことができるようにするものです。

自閉スペクトラム症の人は、他人に相談するやり方や社会のルールといったものを一度理解するとそれをよく守るので、まずは理解してもらうことが大事だとされています。

グレーゾーンまで含めれば、発達障害の人はものすごく多い

話は変わりますが、２章でもふれた通り、はっきり自閉スペクトラム症と診断された人以外にも、その傾向を持つ人は相当多いのではないか、と私は思っています。

最近はこういう人を「**発達障害グレーゾーン**」と言ったりしますが、このグレーゾーンに位置する人まで含めれば、かなりの人が該当するのではないかと考えています。

発達障害の人は「空気が読めない」と言われますが、何を隠そう、この私自身も思い当たることがあって、私もグレーゾーンの人間ではないかと思っています。

というのも私は若い頃、日本文化の特徴とも言われる「本音と建前」ということが理解できない人間だったのです。

年齢を重ね、社会経験を積むにつれ、建前というものが多少理解できるようになったようですが、若い頃は思ったことを何でも言ってしまう人間で、言いたいことを隠しておくことができませんでした。本音を言うとその場の空気を乱すから、その場しのぎの建前を言っておく、なんていうことは全くできない人間だったのです。

よく「腹の探り合い」などと言いますが、これも理解できませんでした。「言いたい

ことを言わない」ということ自体が、私には理解不能だったのです。「とにかく言いたいことを言うのが私の信条だった」というのとは違います。「人は言いたいことをわざと言わないことがある」という理解が、私の脳の中になかった。ただ、それだけのことです。

最近は、「人は嘘をつく」「なかなか本心は言わないものだ」ということを理解しているつもりですが、私自身が本心を隠すということの今もって少ない人間であることに変わりはありません。

自閉症の人はとても正直な人!?

このように最近、発達障害のことを勉強したり、患者の治療の研究をしたりしているうちに、「あれ、自分もおかしかったのかな?」と思うことがよくあります。

たとえば、かなり親しい人と話していて、突然向こうがムッとしたり、怒ったりすることが過去に何度もありました。そのたび「何かおかしいこと、相手を傷つけることを言ってしまったのかしら?」と思ったりしたのですが、どうしても何が原因かわかりませんでした。

ところが発達障害の人が、相手が嫌に思うこと、心を傷つけられることを（悪気もなく）平気で言ってしまうことがあることを知り、「ああ、そうか。相手が傷つくようなことでも、自分が思ったことを素直に言ってしまっていたのだな」と思うようになったのです。

また、若い頃の私は「あなたはこれができませんね」とか「こんなことをしましたね」などと誰かに批判めいたことを言われると、すっかりしょげかえり、「自分は何とダメな人間なんだ」と思ったり、時には怒りを抑えることができなかったものです。ある時「人は本当のことを言われると怒るものだ」と聞き、本当に驚きました。

「空気が読めない」という自閉症の特徴が、私には若い頃からあったと思います。逆に言えば、本当に思ったことを正直に言ってしまうと「空気が読めない」と言われる。つまり、自閉症の人は正直な人だと言えるのかもしれません。

こうした経験から、このことを知って付き合ってあげると、自閉症の人とのコミュニケーションはスムーズになると、私は考えています。

もう一つ、自閉症やグレーゾーンの人がそのことで悩んでいたら、**「他人と違うこと**

は悪いことではない」と言ってあげることが何より大事だと、私は思っています。

私が一時期アメリカの大学に勤めたため、子どもたちは皆アメリカ生まれですが、アメリカの学校では「あなたたちが他人と違うことが、あなたたちを救うはずだ」とちゃんと教えていました。

私自身がそうでしたから、この言葉は本当でしょう。私は囲碁将棋、麻雀などの才能は全くありません。スポーツも若い時に少しテニスをしたぐらいで、その後は何もしていません。一時期はよく歩きましたが、今は家で簡単な体操をする以外は何もしません。

そんな私にも、他の人にないある種の才能があったんだと思います。だから、それを使い研究をしたり、このような本を書いたりしているのでしょう。

発達障害の人にはとくに、そんな「人と違う才能」が備わっている傾向があります。ただ、発達障害であると一度認識されてしまうと、その才能はなかなか認められず、開花しません。

日本はとくにその傾向が強い国です。日本で発達障害の人が苦しんでいるのは、人々が違いを認め合い、発達障害の人にこそ授けられた能力をあまり認めようとしたがらないことが一因ではないかと、私は思っています。

第6章

腸と脳は、どのようにつながっている？

気分を回復させる腸内細菌「サイコバイオティクス」

「腸と脳とはつながっている。だから脳の病気と思われていた発達障害に、腸内細菌が深く関わっていることが最近わかってきた」という話をしてきました。では、どうつながっているのか、というところをわかりやすく掘り下げてみましょう。

私たちの腸と脳をつないでいるものは主に次の4つです。

1神経系
2免疫系
3ホルモン（内分泌）系
4血液

まずは神経系です。神経系は大きく2つに分類されます。脳と脊髄にある神経からなる「中枢神経系」、そして、そこからさらに神経を身体の隅々に送る役割を持つ「末梢神経系」です。

そして末梢神経系は、さらに次の４つに分類されます。

1体性神経
2交感神経
3副交感神経
4腸管神経

交感神経は聞いたことがあるでしょうか。一つずつ説明していきましょう。

体性神経は、私たちが運動したり、話したりする時に活動し、ものを食べる時にも活動します。体性神経は、腸内細菌、なかでも人の気分を回復させることに寄与することがわかっている有用なもの＝「サイコバイオティクス（精神活性化微生物）」と関係が深いのです。

次に、交感神経は「闘争か逃走か（闘うか逃げるか）」の神経とよく言われます。何かの脅威にさらされるなどのストレスがかかると、好むと好まざるとにかかわらず、私たちの体内では交感神経系が活動します。

交感神経が活性化する時というのは、怪我をしたとか交通渋滞でイライラしたなど外的要因による場合と、食べ物によって炎症が起きたなど内的な原因によるものがあります。

つまり、興奮したりストレスがかかったりした時に活性化するのが交感神経ですが、そうした刺激を受けた身体をリラックスさせ、癒すのが副交感神経の役割。こんな時、腸内細菌サイコバイオティックの出番となるのです。

４つめの腸管神経系とは、腸管の周りに張り巡らされている神経のことで、独立して自律的に活動もしますが、時に他の神経系とも密接に連携します。腸内細菌と協力して、私たちの身体を健常な状態に維持しようと常に働いてくれているのがこれです。

うつ病はセロトニン不足が原因ではない!?

腸は脊髄（脳から連なる神経の束のようなもの）と迷走神経（副交感神経の一つ）を介して脳と連絡しています。

腸内細菌は多くの神経の伝達に関係する物質（ドーパミン、セロトニン、ＧＡＢＡなど）

を作っていますが、これらは末梢神経を介して脳に作用すると従来は思われていました。血液と脳の間にはＢＢＢ（血液脳関門）という有害物質を通さない関所のようなものがあり、多くの物質は簡単に脳に入らないようになっている、とされていたからです。

この考えが支配的だったため、脳に効果のある薬は、まずＢＢＢを通過することが絶対条件で、通過しない薬は使われてきませんでした。ところが、腸内細菌の研究が進むと、腸の疾患によって産生された物質はＢＢＢを壊してしまうこと、そのため脳の中にさまざまな物質が入ってきてしまうことがわかってきました。さらに、それとともにわかってきたのは、意外な事実でした。

うつ病患者は幸福感ややる気につながる脳内のセロトニンの量が少ないのだからその量を増やす。さらにはセロトニンと反応する受容体を刺激して、反応を良くしなくてはならないという研究者たちの考え方に基づいて、多くのうつ病の薬が開発されてきました。

ところが最近になって、意外なことがわかってきたのです。それは、**うつ病患者の脳にセロトニンの量が減っているという証拠は見つからない**ということ。そして、うつ病で自殺した人の脳のセロトニン神経が存在する縫線核には、むしろセロトニンの量が少

図6-1

脳の各部位とセロトニンの効用

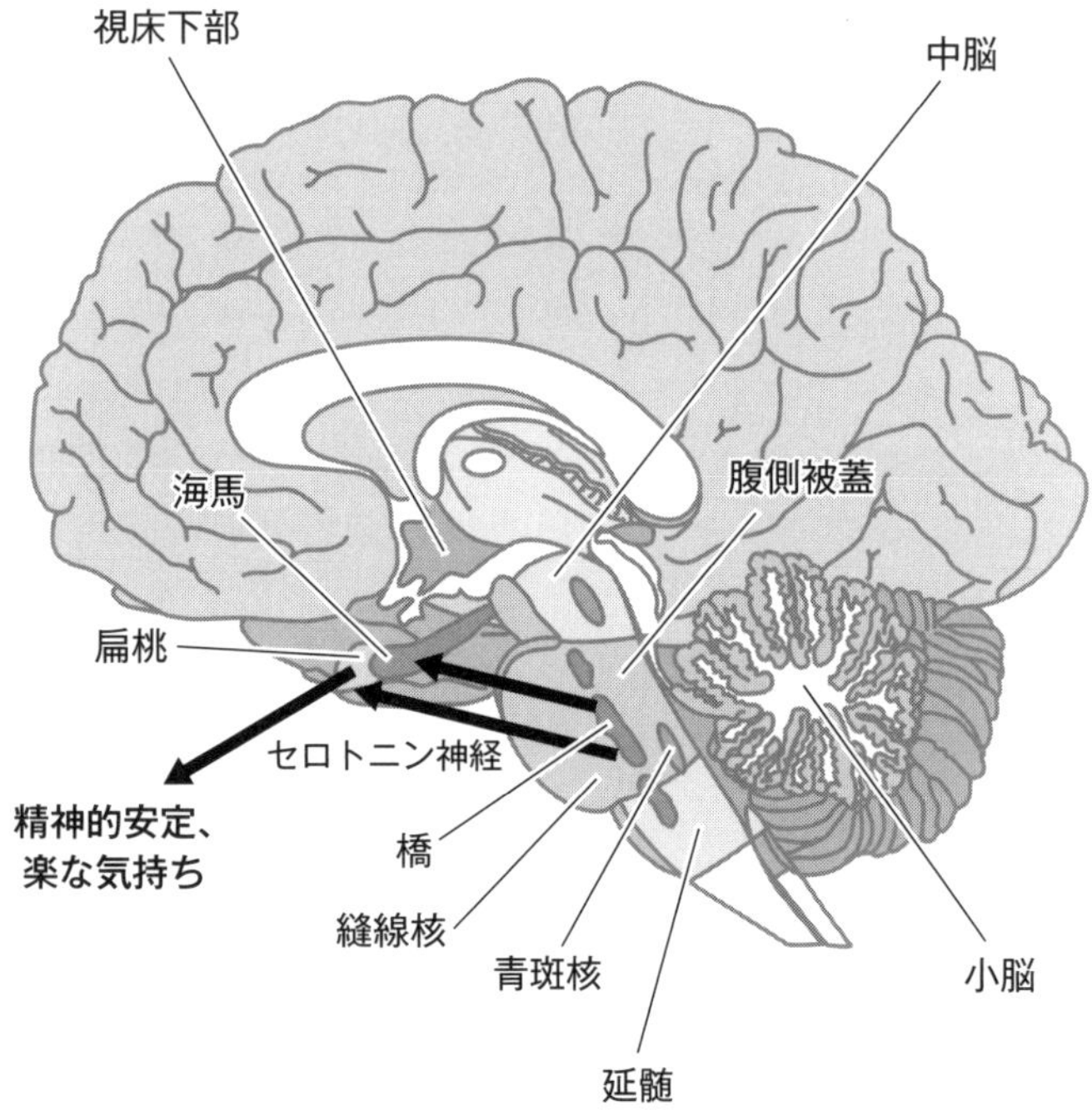

セロトニン神経が刺激されると、
精神が安定し、楽な気持ちになる

ないどころか逆に多いということでした。

こうなると、問題はセロトニンの脳内量というより、腸とつながり脳の気分を支配する脳の場所の問題ということではないか？　という疑問が湧いてきます。脳の気分を左右しているのはいったい脳のどこなのか？　という新たな問題が発生したのです。

喜びや幸福感につながるセロトニン、ストレスに抗するノルアドレナリンを増やす薬はうつ病の治療によく用いられます。迷走神経などは、大脳と脊髄を結ぶ脳幹にある腹側被蓋、青斑核、縫線核などにつながっていて、縫線核はセロトニン神経を、青斑核はノルアドレナリン神経を脳全体に送っています。

一方、ドーパミンを出す神経は中脳の腹側被蓋という部分にあり、これは脳の真ん中にある側坐核と中隔核を刺激し、快感をもたらします。図6―1はこれらの位置とセロトニンの役割を示したものです。

サイトカイン――腸内細菌から脳への情報伝達

腸と脳をつないでいるもの、次は免疫系です。

私たちの身体のすべての部分には免疫系の細胞が分布していて、身体に病原体が入りこんだりすると、その部分に免疫系細胞が集まってきます。

免疫細胞は病原菌に反応する抗体を作り、抗体と結合した病原菌（抗原）はマクロファージ（白血球の一種）に取り込まれたり、T細胞（リンパ球の一種）で殺されます。これが免疫反応と呼ばれるものです。

免疫細胞の役割としてさらに大事なのは、サイトカインという小さなタンパク質を作り出すことです。これは情報伝達を担うタンパク質で、これによって障害の程度を周囲の細胞に伝え、それに備えるようにさせるのです。

実は、腸管のすべての細胞はサイトカインを作るのですが、腸内細菌もサイトカインを作ります。それによって炎症が起こると、その情報が周囲に伝えられるのです。

こうした免疫細胞の働きは大変重要ですが、過度に働きすぎると、入ってきた細菌は皆殺されてしまうので、腸から脳へ微生物が運ばれなくなります。そうならないように脳と腸をつなぐ迷走神経は、情報伝達にアセチルコリンという情報伝達物質を使用しています。あとで述べるコルチゾールと同じように、アセチルコリンは免疫系を抑制し、微生物を過度に殺さないようにしているのです。

ところで、サイトカインは精神にどのような影響を与えるでしょうか。じつは**ある種のサイトカインを動物に与えると、動物は不安になる**症状を示すということが知られています。

感染症になると動くのが嫌になり、じっとしていたいと思うようになるのは、サイトカインの脳への影響もあるとされています。

コルチゾール――免疫抑制ホルモンが不安やうつを生み出す

次は、ホルモン（内分泌）系です。

私たちの身体は、毒素など微生物の攻撃を受けると、先ほどのサイトカインやホルモンなどを分泌して、健常を保とうとします。

ホルモン系でもっと大事なのは、視床下部（hypothalamus）―下垂体（pituitary gland）―副腎（adrenal gland）の系です。頭文字をとってHPA axisと言います。HPA axisは代謝、睡眠、気分、水分の調節など、色々な分野で私たちの身体が健常に働くように調節をしていて、体をストレスから守る重要な働きがあります。

その一つ、炎症に関するHPA axisの働きを見てみましょう。HPA axisは最終的には副腎皮質からコルチゾールというホルモンを分泌しますが、これには強力な免疫抑制作用があります。

ある炎症に対し身体が過度に免疫反応を起こすと、侵入してきた微生物が次々に殺されますが、それと同時に私たちの細胞も傷つき、ダメージを受けてしまいます。それが適度に収まるように調節しているのがコルチゾールなのです。

とはいえ、免疫反応を抑制するコルチゾールは、人の心に不安や恐怖、嫌悪、さらにはうつ状態といったものを引き起こします。

こう聞くと、人にとってこのホルモンは良いのか悪いのか？　という話になりますが、そもそも不安や恐怖といったものは、人が自分の身を守るためにある程度は必要なものです。うつ病も身を守るための反応が過度になってしまった症状である、という説があるぐらいですから、バランスを保つ役割は難しいのです。

動物の世界は生存競争の世界です。ある動物の群れは、一匹の雄の支配動物に多くのメスとその子どもがしたがっています。その時、獲物やメスをめぐって争いが起きるのですが、弱い雄は強い雄を怒らせないようにする方法として、精神の興奮状態を抑える

図6−2

神経系、免疫系、内分泌（ホルモン）系の働き

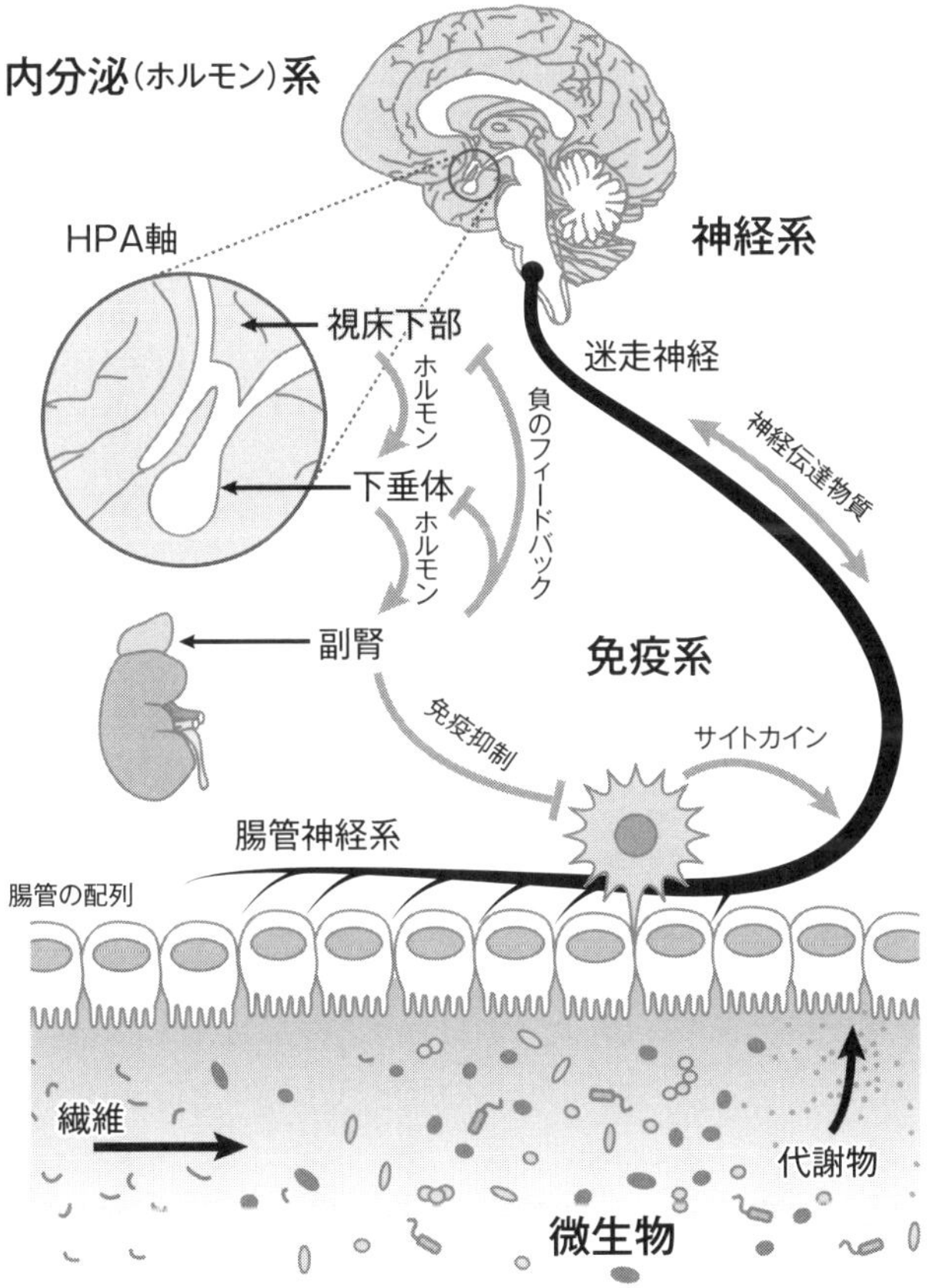

仕組みを備えていると言われます。私たちの外敵、あるいは微生物への反応が過度にならないようにする仕組みは生存には欠かせないのです。

ですから、炎症を適度に抑える仕組みは非常に大事です。実際、あまりに多くの病気にコルチゾールのような副腎皮質ホルモンが使われているので、その有害性が叫ばれているくらいです。

３章で述べたように、私たちの腸管に棲む微生物は私たちと共存しています。共存とは、私たちの体内に棲む代わりに私たちの役にも立ってくれるということです、そのことで、私たちは普段、第二の脳＝腸のことなどあまり気にせず順調に生きていくことができます。

しかし、非常に有害な物質や微生物が侵入すると、腸管はそれから自分を守ろうとしてさまざまな物質を出し、神経系、ホルモン系を刺激します。最近では、抗生物質を使う機会が多くなり、そのため私たちに友好的な微生物が殺されることが増えた。その結果、思わぬ疾患に苦しむ人が増えている、と言われています。

図６―２（Ｐ１０５）は本章で述べた神経系、免疫系、内分泌（ホルモン）系の働きを示したものです。

第7章

腸の疾患と精神の異常

「腸内細菌が不安に関与している」という決定的事実

精神疾患のなかでも「うつ病」はとてもよく知られていて、知らないという人はほとんどいないでしょう。

うつ症状は、発達障害、パーキンソン病、多発性硬化症、筋委縮性側索硬化症など多くの疾患の初期に見られますが、これらはいずれも4章で述べた自閉スペクトラム症の治療法である「腸内細菌置換療法」の候補に挙げられているもの。つまり、患者の腸内細菌を除いてから健常者の腸内細菌を入れるという方法が効くのではないかと期待されている症状です。

うつ病も発達障害と同様に脳の異常が招く病気で、それらに腸内細菌の置換という治療法が効くとすると、腸内細菌の創り出す物質がまず脳、神経系を障害し、さまざまな病気を作り出すようにも思えてきます。

実際、典型的な消化管の異常が強度のうつ病を引き起こした例を紹介しましょう。

2000年5月、カナダのオンタリオ州のウォーカータウンという町に激しい雨が降り、その後、洪水が起こりました。

その結果、町の上水施設が近くの農地から流れ込んだ大腸菌やカンピロバクターという細菌に汚染され、２０００人以上の住民が重い病気になってしまいます。結局、６人が亡くなり、町は一時的に閉鎖される事態になりました。

その後、初期の感染から回復した住民たちの多くは、便秘や下痢、腹痛などお腹の異常が長く続く過敏性腸症候群になり、同時に強度のうつ病になってしまいました。

これに驚いたのがオンタリオ州マクマスター大学ステファン・コリンズ教授。彼はウォーカータウンに行き、その原因を探しました。すると驚いたことに、お腹の異常を訴える人たちの遺伝子に異常が見つかったのです。

その遺伝子は腸（消化管）の漏出異常をもたらすもので、もともと患者たちの体内にはないはずの遺伝子でした（このような外来性の遺伝子の変化をエピジェネティックと言います）。

結局コリンズ教授は洪水後のウォーカータウンを8年追跡したのですが、過敏性腸症候群は続きました。調べてみると、第二次大戦で激しい下痢を経験した兵士には過敏性腸症候群を示す者が多かったことも知りました。多くの患者はやがて病気が収まったのですが、抗生物質を使った人は非常に治りにくかったこと、また、すでにうつ病をもっている兵士は、その症状がひどく悪化してしまったという興味深い事実がわかりました。

こうしたことからコリンズ教授は、住民の腸が細菌に感染した後に免疫反応が起こったが、感染が収まっても免疫反応は続き、それが腸管の細胞を刺激して下痢が続いた、という結論とともに、過敏性腸症候群とうつ、不安の間には関係があるのではないかと考えました。

その後、コリンズ教授は同じ大学のプレシミル・ベルチック教授と共同で、このことを徹底的に調べました。

ベルチック教授が患者の便をマウスの体内に入れてやると、マウスは非常に不安気な状態になりました。このことから、「患者の腸内には脳に悪い影響を与える物質、そして、それを産み出す細菌が存在する」ことがわかったとともに、こうした症状は、腸内細菌（便）を通じて一つの種から別の種に伝わることもわかりました。

ある精神症状を示すマウスの便を正常なマウスに移植すると、その症状が伝わるということが、ベルチック教授によって明らかになったのです。

このように、**行動、性格も腸内細菌によって変化する**ということは、発達障害の原因解明にも役立つと思われます。

ＡＬＳと腸内細菌の関係

もう一つ、腸内細菌との関連がわかった病気の一例を挙げましょう。それはＡＬＳ（筋萎縮性側索硬化症）。次第に身体の筋肉を動かせなくなり、歩くどころか起き上がれなくなってしまうという難病です。

ベーブ・ルースと並びニューヨーク・ヤンキースで大活躍したルー・ゲーリックがかかったことで、かつてはルー・ゲーリック病などとも言われ、最近では天才物理学者スティーヴン・ホーキング博士がこれだったと言えば、わかる人も多いでしょう。

この病気は、フランスの神経科の医師ジャン・マルタン・シャルコーが見つけた病気で、最後は呼吸困難になって亡くなる病気とされていました。

２０２０年に起こった、二人の医師がＡＬＳに苦しむ女性を安楽死させた事件を覚えているでしょうか。二人は主治医ではなく、女性の胃内にバルビツールという鎮静薬を入れて殺したということでした。実はスイスではこのような患者の安楽死が許されていて、スイスに行ってその選択をした日本の女性のドキュメンタリーをＮＨＫが放映したことがあります。

次第にあらゆる筋肉が動かなくなるけど意識ははっきりしている。そうなると患者は苦しむだけの状態になり、「死にたい」という患者は多いのです。

それはさておき、ＡＬＳは運動神経が次第に侵され、筋肉を使うことができなくなっていく病気です。痛みや触覚、聴覚などの感覚神経は侵されないので、他人の言うことは理解できます。最初は手足がうまく動かせなくなるのですが、次第に呼吸、食べ物の飲み込みなどができなくなります。

昔は呼吸困難で亡くなったのですが、今では人工呼吸器をつけて生きることができます。しかし、次第にどの運動神経もやられていき、最後は瞬きの筋肉、さらに目を動かす筋肉の運動のみができる状態になります。

画面にアイウエオのような言葉を描いたものを患者に見せ、自分が言いたい言葉が指された時のみ目を動かして意思を伝えるという光景をテレビなどで見たことがある人もいると思います。

この難病の原因は、フリーラジカルの関与や神経伝達物質のグルタミン酸が過剰にできることによるという説が有力です。

私たちが運動をする時、脳からの刺激はグルタミン酸神経を通じて筋肉に伝えられます。グルタミン酸神経では神経の末端からグルタミン酸が放出され、それが次の神経細胞の膜の上にあるグルタミン酸受容体を刺激し、情報が伝わる仕組みです。

しかし、ＡＬＳの場合、放出されたグルタミン酸を処理することができず、グルタミン酸が二つの神経の間にたまってしまう。その刺激が続くことで、結果的に神経を死滅させてしまうので、現在ではグルタミン酸に拮抗する薬がよく用いられています。

一方、細胞を酸化させるフリーラジカルの関与説のほうは、スーパオキシド・ジスムターゼ（ＳＯＤ１）という活性酸素を分解してくれる酵素の遺伝子が突然変異を起こしてしまうから、ということが言われています。しかし、家族内で発生するＡＬＳは約１割しかなく、その約2割が酵素異常によるものと言われています。

２０１９年にイスラエルのワイズマン研究所のある研究者が、「ＳＯＤ１の異常遺伝子を持つマウスに対し、善玉菌として有名なアッカーマンシア・ムシニフィラ（ＡＭ）を投与するとＡＬＳの症状が改善する」と報告しました。

さらにＡＭを投与されたマウスの中枢神経にはニコチナマイドという物質が増えているること、さらに、ＡＭを投与されたＡＬＳの患者の脳脊髄液などにニコチナマイドが増えていることを示しました。

この研究はＡＬＳの原因の解明、治療に新しいモチベーションを与えました。今はまず、腸内細菌の遺伝子の解明が急がれています。私たちに棲みつく細菌のほとんどは腸内細菌ですが、その遺伝子の数はヒトの遺伝子の１５０倍とされ、そのため遺伝子の解明には多大な資金と労力を必要とします。

このように、治療法がないと思われていた病気に腸内細菌が関係し、病気がよくなる可能性が出てきたことは、腸内細菌の持つ重要性、とくに神経系への深い関連を示すものだと私は思っています。

第8章

薬の効き方に影響を及ぼす腸内細菌

パーキンソン病の薬が効かない！

ここまでの章で、腸内細菌が腸の異常は脳に変化を起こし、不安やうつにつながることと、不安やうつ状態は腸の運動、吸収や排せつの異常と密接な関係があることなどを述べてきました。

さらに腸内細菌は、脳の病気の治療にも影響を与えます。腸内細菌の働きによって薬が効かないという場合が時に起こってくるのです。

たとえば、パーキンソン病。これは全身の筋肉の動きに影響を与えます。手が震えるようになるのはよく知られていますが、それだけでなく、前かがみでちょこちょこ歩くようになる、字などが書けなくなる、表情が乏しくなる、動作がとてもにゆっくりになったりします。

パーキンソン病は、私たちの大脳と脊髄をつなぐ脳幹という部分があるのですが、その一部である中脳の中の黒室と呼ばれる神経細胞の集団が次第に死滅していくことで起こります。

黒質の細胞はその末端からドーパミンを出します。その黒質の神経細胞が減ると、ドーパミンも減って、運動調整がうまくいかなくなり、手足が震えたりすることが起こるのです。なぜそういうことが起こるのか、遺伝や公害物質による原因が考えられていますが、まだよくわかっていません。

運動がしにくくなる原因はドーパミンの減少とわかっているので、ドーパミンを与えればいいようなものですが、ドーパミンは先の章でもふれた、脳を保護する関所のような仕組みであるＢＢＢ（血液脳関門）を通過できません。そこで、ＢＢＢを通過できるドーパミン補充薬、Ｌ－ドパ（ＤＯＰＡ）を服用します。

ところがこのＬ－ドパも効果がない場合があり、最初は神経がＬ－ドパに反応しないのではないかと思われました。ところが、その後の研究で腸内細菌の一種である２つの細菌がＬ－ドパを壊しているということがわかったのです。

薬と腸内細菌の関係でもっとわかりやすい例は、コレステロールを低下させる薬スタチンです。ある患者にはあまり効果がなく、なかには全く効果の出ない人もいたのです。ペンシルバニア大学のツテージャ教授は、ある腸内細菌、スタチンを壊すのではないかという考えを持ち、実際に調べました。その結果、薬が腸内細菌を変化させ、腸内細菌が薬の効果を変えるということを示したのです。

テッド・ディナンというアイルランドのマイクロバイオーム研究所のヘッドは２０１８年、販売されている１０００以上の薬40種の腸内細菌の反応を見ました。すると25％の薬は抗菌作用をもっていることがわかりました。また、２０１９年に２７１の薬を腸内細菌と培養したところ、１７６の薬は代謝され、全体として薬の効果は20％くらいに下がってしまうこともわかったのです。

ディナンは同時に、うつ病の患者の腸内細菌を抗生物質で無菌にしたラットの腸内に入れると、ラットはうつの症状が現れることも示しました。さらに自閉スペクトラム症の患者の尿を注射されたラットが社交性を欠くようになり、便を移植しても同じような結果になったということです。

このような結果を知って製薬会社は、腸内細菌の遺伝子を変え、腸内細菌が薬を分解してしまわないようにします。最近では多くの薬剤と反応しない、しかし、患者には無害な腸内細菌を作り出そうという努力がなされています。

腸内細菌置換療法を受けたA君のその後

私たちの腸内には有害な細菌もいれば、日和見と呼ばれ、何も体と関係しようとしない細菌、さらには私たちの健康に役立つ有益なサイコバイオティクスもいます。有害な微生物を除くためには、時に抗生物質が必要な場合もあります。サイコバイオティクスの提唱者のスコット・C・アンダーソン（アメリカ）は次のような例を挙げています。

44歳のジョン（仮名）はケミカルエンジニア。彼は経済問題とストレスのためにうつ病になりました。

彼は気が短くなり、精神を集中できなくなりました。医師の勧めでプロザックを服用したのですが、効果はありませんでした。症状が悪化したと彼が言うと、医師は別の抗うつ剤を処方し、認知行動療法を勧めましたが、症状は良くならないばかりか、逆に自殺願望を持つまでになりました。

その後3か月、彼はさまざまな薬を処方されましたが改善の兆しは見えてきません。

その状況にジョンは絶望していたところ、医師は抗うつ作用もある抗生物質のミノサイクリンを処方してくれたのです。

するとこれがよく効き、ジョンの興奮状態は収まり、眠れるようになりました。10日後、彼は「今までにないぐらい調子がいい」と言いました。そして、ミノサイクリンを投与されてから8週間後、ジョンは元の自分に戻ったと言い、仕事に復帰しました。

アンダーソンは「ミノサイクリンという抗生物質が効いたのかわからないが、腸内細菌が関係しているとは思う」と記しています。

結果から見て、この抗生物質は有害な細菌だけを殺したのだと思います。それ以外の抗生物質は、良い細菌も悪い細菌も殺したために、精神的効果がなかったのでしょう。

抗生物質は、人によって作られたものではありません。それは生物間の生存競争の道具なのです。カビと細菌は絶え間ない生存の闘いをしています。抗生物質は細菌が打った弾丸のようなものなのです。

そして、この弾丸はすべての細菌を殺すので、広域スペクトラムの抗生物質と言われます。私たちが敗血症になると、医師はあらゆる微生物を殺す広域スペクトラムの抗生物質を使います、これは良い腸内細菌も殺してしまいますが、私たちを生かしてくれるのです。

一方、世界には、ごく一部の細菌にのみ効果がある抗生物質もあります。大腸菌が出すコリシンという物質は他種の大腸菌のみを殺します。それにより、大腸菌は栄養を奪われず生存できるのです。

このような抗生物質はバクテリオシンと呼ばれます。バクテリオシンは広域スペクトラムの抗生物質に比べ、不安定で簡単に分解されます。現在では、分解されにくいバクテリオシンの開発が進められています。

抗生物質を使って腸内細菌を一度殺し、新たな腸内細菌と置き換えるのが、この本で説明している「腸内細菌置換療法」です。

ここで、4章でふれたA君の話に戻りましょう。1歳の時に言葉を失い、話せなくなり、社交性を全く失ったA君は、腸内細菌置換療法の治療を受けた後、一体どうなったのでしょうか。

治療後のＡ君は胃腸の症状、つまり下痢などは全くなくなりました。しかし、それよりも研究者を驚かしたのは、Ａ君が周囲のことに興味を持つようになったことです。

彼は現在12歳ですが、朝起きると笑いながら「おはよう」と言い、また多くのことに興味を示すようになったということです。

たとえば「なぜ空は青いの？」とか「雲はどうして白いの？」と普通の子どものように周囲に聞くようになったということです。Ａ君の社会性を調べた結果は、自閉スペクトラム症ではない普通の子どもと同じぐらいだったといいます。

Ａ君の症状の変化が腸内細菌の変化によるものだけかどうか、誰にもわかりません。しかし、彼の母親は「人生が変わりつつある」と言っています。

主治医のクリアン博士は「腸と脳の連携の仕組みをもっと知ることが大事だ」と言っています。また博士は、Ａ君の症状は改善しているが、自閉スペクトラム症が完治したとは言えないとも言っています。

腸内細菌置換療法の未来

次は、腸内細菌置換療法の未来についてです。

実は、マウスやラットは自分の便を食べることを好みます。これはげっ歯類の話だけではありません。ガチョウやウサギも自分の便を食べます。

多くの若い動物は便を食べることで、よい腸内細菌を得ようとします。馬はたくましい腸内細菌を獲得しないと生きられないので、母親の便を食べるのが普通のことなのです。

人間はどうでしょう。普通の人で、日常的に便を食べるという人はまずいないでしょう。しかし、便を食べることは人間の医療の歴史の中でも古くから続いていたのです。

もっとも有名な人は4世紀の中国の歴史家、葛仙《かっせん》翁です。彼は健康な人の便を発酵させて食べていたということです。

当時ディフィシル菌という細菌の感染症が流行し、多くの人が亡くなりました。その時、健康な人の便を食べていた人は感染しなかったということです。

前の章でふれたように、うつ病患者の便をマウスやラットに移植すると、動物はうつ状態になり、動かなくなってしまったということです。このことは腸内細菌が動物の種の間で移されるというだけでなく、種を越えて影響を与えるということを意味しています。

つまり、**うつ病や不安症の人が健常な人と腸内細菌の置換をすると、このような精神疾患が治る可能性が大いにある**のです。

将来的には、健康な人の腸内細菌、あるいは便をピルにして飲むということも可能になるかも知れませんね。

次はファージ療法です。ウイルスは自分で増殖できません。ウイルスは自分のＤＮＡを細胞に入れ、そのたんぱく合成機構を奪ってしまいます。そして自分と同じものを作って増殖していくのです。そしてある時点で増殖したウイルスで一杯になってしまうと細菌は破裂し、ウイルスは外に飛び出すのです。

バクテリオファージ（単にファージとも言う）というウイルスがあります。これは風邪などを引かせるような人に感染するウイルスではなく、細菌にのみ感染します。すべてのファージはある特定な細菌のみを襲います。

一つのファージは約２００個の子孫を作ります。それが他の同種の細菌に感染し、増殖するので、すぐに４００００個くらいのファージが近くにばらまかれます。ファージは結合する細菌が遺伝子を変化させて抵抗しようとしても、自分も変化して対応します。そこが抗生物質と違い、ファージへの耐性はできないのです。

１９８０年頃、ラット、牛、ヤギ、ウサギなどの感染にファージ療法が効果を示すことが見いだされ、かつてソ連邦に属した国々で研究が続けられています。

抗生物質のように耐性ができたりしないので、期待する人も多いようです。それ以外にも良い腸内細菌の増殖を助け、有害な細菌のみを殺す方法が今、世界中で模索・研究されているところです。

第9章

急増する「発達障害グレーゾーン」の人たち

コロナ禍で増えた「発達障害グレーゾーン」

人の性格は顔のようなもので、一人ひとり皆、違います。一卵性双生児であっても微妙に違います。違いはあっても人間とか、男とか女とか、くくられる言葉は同じです。病気もそうです。同じ病名を付けられた人であっても、決して一様の症状を示すとは言えません。

先の章でもふれたように、私は東京にある、発達障害、うつ病の治療では日本有数の実績を持つ、ある大学の精神科の先生と共同研究をしている関係で、これらの病気についていろいろ聞いています。

その大学の精神科には、発達障害ではないかと受診してくる人もたくさんいますが、そのうち本当に自閉スペクトラム症の人が2割、注意欠陥・多動症（ＡＤＨＤ）の人が1割ぐらいだそうです。受診希望者にはまずデイケアに来てもらい、そこで観察して本当に発達障害かどうかを決めるということです。

周囲の人とうまくやっていけない、友人がいない、人に会いたがらないといった子どもを最も心配するのはもちろん母親ですから、ほとんどの場合は母親に連れられて診察を受けにくるそうですが、学校も児童・生徒が問題を起こすことは望まないので、落ち着きのない子ども、周囲ともめごとを作る子どもは保健室の先生や保険医に相談し、カウンセラーに診てもらうことも多くなっているようです。

ただし、徐々にマスクをしている人が減ってきたとはいえ、少し前までのコロナ禍では多くの人がマスクをしていました。いつもマスクをしているのが普通になると、マスクをとった時、いつもの顔の印象とかなり異なり、別人のようだと思う経験をした人は少なくないと思います。

笑う時、怒る時、困惑する時には顔全体で感情を表現しますが、マスクをしていると、怒っているのか、平気でいるのかわからないことがよくあります。発達障害かどうか、を見分けるときに、こうした環境はとても条件が悪いはずです。

それに、そもそも人とのコミュニケーションが不自由な環境に置かれるわけですから、自閉スペクトラム症で人とのコミュニケーションが苦手な人はより苦手に、元々そうでない人も、人と接すること、人の感情を読み取ることがどんどん苦手になっていく傾向にあるはずです。

私は、この間のコロナ禍によって、発達障害かもしれない人＝発達障害グレーゾーンの人がかなり増えたと思っています。

自閉スペクトラム症の子どもの多くは、うつ状態にあるのですが、特別異常のない子どもにも感情の起伏はありますから、ひどく落ち込んで、いわゆる「ヘタレ」の状態になってしまうことも当然あるでしょう。

ですから、発達障害の人と健常な人、あるいは、うつやいわゆる「コミュ障」など発達障害と共通する症状が多いＨＳＰ（敏感体質）とそうでない人と分けることは、どんどん難しい時代に入っています。

今を生きる私たちは、ともすれば発達障害やＨＳＰ「かもしれない」というグレーゾーンに置かれてしまうのです。

失われた日本人の社交性

これは何もコロナだけが原因ではありません。それ以前からそうした状況は出来上がりつつあったのですが、コロナ禍によってそうした状況がますます強化されていったと見るのが正しい、と私は思っています。

今の子どもたちの特徴としてよく言われるのは、「友達がいない」ということでしょう。昔と比べ明らかにそうだと思います。友達がいないのは発達障害の子の特徴ですから、そういう意味では、今の子どもの多くは「発達障害グレーゾーン」に位置するという言い方も成り立つかもしれません。

子どもたちがお互いに距離を置き、昔の子どものように親しくならない。これには日本の独特の生活環境や時代環境もあるのではないかと思っています。

一つは、子も親も勉強や仕事で忙しすぎる環境とか、地域社会や隣近所との付き合いもなく、盆や正月に親族が顔を合わせることもないというように、日本社会がどんどん都会型に変化してしまったのも影響していると思います。

私はアメリカで勉強していた時代、ニューヨーク州の西にあるバッファローという都市の郊外に9年いました。アメリカはとりわけ家族関係を大切にします。たとえば学会がカリフォルニアで開かれ授業を欠席したような場合でも、家族を連れていった場合は欠席にならず、授業に出たことになるようにしてあります。

また、クリスマスやイースターなどの時には、遠くからきょうだいの家族が来て2、3日泊まり、夕食をともにして最近の出来事について話したりする習慣が今でもあります。

日本でも昔は結婚や就職などで家を離れても、一年に何度かは実家に泊まりに来ることがよくありましたが、今は一部の田舎を除いてそんな習慣も薄れ、一度家族が離れ離れになれば、あまり会うこともないような世の中になりました。

友達関係も同じです。これは友人から聞いたのですが、子どもたちや孫たちの同級生を見たことがないというのです。つまり彼らは自分から友達の家に行くこともなければ、友達を自分の家に招くこともない。

一つには、子どもたちが勉強などでものすごく忙しいということもあるでしょうし、忙しい親たちが友達を接待できないということもあると思います。

私の娘の家族もそうでした。私は娘と同じマンションの別室に暮らしていて、二人の孫は今は大学生です。彼らは小学校のころから塾通いが忙しく、中学、高校と夜10時前には帰宅していませんでした。

私が子どもの頃は、夏休みや冬休みになると親戚の家に数日、場合によっては2、3週間もいるなんてことは珍しくありませんでした。つまり、今の日本の社会では、子どもの頃から人と付き合う機会が少なく、その訓練も受けていないのです。

このような社会に生きる子どもたちに社交性のない子の割合が多いのは、ある意味当然でしょう。

「私もそうかも……」というグレーゾーンはたくさんいる

ここで発達障害についておさらいをし、それとは別にグレーゾーンの人たちのことを考えてみましょう。

まず、発達障害をここでもう一度整理してみましょう。

図９―１に示すように、発達障害には自閉スペクトラム症（ＡＳＤ）、注意欠陥・多動症（ＡＤＨＤ）、学習障害（ＬＤ）の３つがあります。

この３つは重なり合うこともあります。また、自閉スペクトラム症の人にはうつの症状を示す人も多いので、うつ病と重なることもよくあります。

自閉スペクトラム症の場合、言葉や視線、表情、身振りなどを用いて相互にやりとりをしたり、自分の気持ちを伝えたり、相手の気持ちを読み取ったりすることが苦手です。

また、もう一つの特徴として、特定のことに強い関心をもっていたり、こだわりが強か

図9-1

発達障害の種類とその重なり

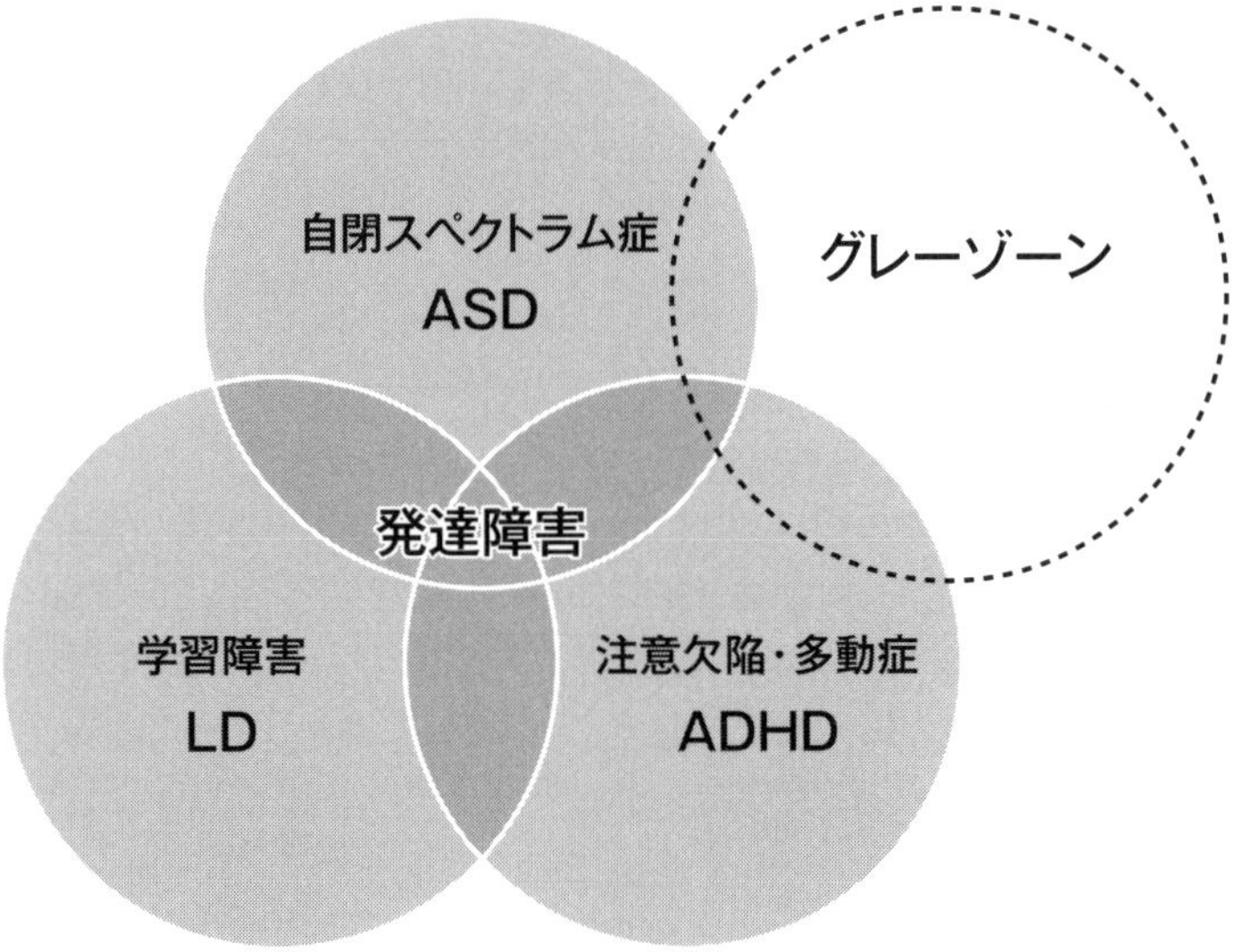

自閉スペクトラム症、注意欠陥・多動症、学習障害を
発達障害と言うが、
超敏感(HSP)などとの間にグレーゾーンがある

ったりもします。さらに、ＨＳＰのように感覚の過敏さを持ち合わせている場合もあります。

注意欠陥・多動症は、発達年齢に比べて、落ち着きがない、待てない（多動性・衝動性）、注意が持続しにくい、作業にミスが多い（不注意）といった特性があります。多動性・衝動性と不注意の両方が認められる場合もあれば、いずれか一方が認められる場合もあります。

学習障害とは、全般的な知的発達には問題がないのに、読む、書く、計算するなど特定の学習にのみ困難が認められる状態を言います。

こうした症状は健常者もある程度持っていることが多く、とくに自閉症や多動症などの傾向は、程度の差はあれ多くの人が「私も○○かもしれない」ぐらいの体験はしている場合が多い。そのため、健常な人とそうでない人の境界線は明確でなく、「グレーゾーン」という概念が出てくるのです。

ＨＳＰの私は、ある時、自閉症のように振る舞っていた

そこで、いくつかのグレーゾーンのケースを取り上げ、問題を整理してみましょう。

たとえば、５人に１人の敏感体質と言われるＨＳＰとの関係です。

何を隠そう、私は自分がＨＳＰだと確信しているのでよくわかりますが、ＨＳＰは、他人が何を考えているか、人がどのように感じているかということに対し、とても敏感です。

ただし、それは自分が関心がある事柄についてのみ言えることで、自分にとって重要でない事柄にはまるで無頓着です。時にそれが周囲の人たちに奇異に映るようです。

たとえば着る物です。私自身の話ですが、ある会合が4月頃にあった時、私は夏用のスーツを着ていきました。ちょっと暑いぐらいの日でしたから私は快適だったのですが、当時親しくしていたある団体の幹部の人たちなどはとても驚き、私が田舎者で、常識がないと思ったようです。

つまり私は服装にはてんで無頓着で、まるで自閉スペクトラム症の人のように振る舞ってしまったのです。こんなささいなことをよく覚えていて、本で書くということ自体、

私が敏感体質だということだと思いますが、その時私は「空気が読めない人」と周囲に理解されたのだと思います。

何でも「発達障害のせい」と決めつける風潮

次は、２０１９年に起きた元農水省事務次官による長男の殺人事件を取り上げてみましょう。

私は一時期、農水省の下部組織、砂糖、食肉と栄養の関係の研究会に所属していましたから、その元事務次官をよく知っていました。彼はＢＳＥ（牛海綿状脳症）問題で事務次官を辞任し、その後在チェコの大使などを務めました。

彼の息子さんは中高一貫の進学校に入ったものの、教育熱心だった母親への反発からか中学の頃から成績が芳しくなく、イジメにもあっていたと言われています。多くの同級生が東大や慶大などに進む中、彼は某私大に入り、その後、別の私学の大学院に入りました。

学校を卒業してからはいろいろな職についたようですが、うまくいかずフリーター、あるいは引きこもりのようになっていったといいます。

父親は彼を家に引き取ったのですが非常に反抗的で、とくに母親を「愚母」などと呼び、ＳＮＳに「初めて愚母を殴り倒した時の快感は今でも覚えている」などと投稿していました。一方、彼は父親を尊敬していて、友人が父親に会いたいと言ったところ、「お前らが父に会うのは1億年早いわ」などとも言ったということです。

事件が起こる少し前に、彼は両親の前で泣きながら床を叩き、「お前らは恵まれていていいよな」などと叫んだそうです。

事件があった２０１９年の5月に近くの小学校で運動会があり、息子がその声がうるさいから「ぶっ殺す」と口走ったため、父親は息子が何をしでかすかわからないと恐怖を抱き、息子を包丁で刺し殺したという痛ましい事件です。

のちの報道で、この息子は医師に発達障害だと診断されていたということがわかり、まるで発達障害が原因のような論調もありましたが、私が違和感を覚えたのはそこです。

仮にこの息子が勉強ができ、高校から東大の法学部にでも入り、官僚にでもなっていればどうだったでしょうか。おそらく何の問題もなかったはずです。問題は勉強ができず、いい大学に進学できなかった。そして、そのことを良く思わない母親を恨んでいた、ということでしょう。

このように殺人事件にまでならなくても、親子関係が崩壊してしまうことは、親が著名人だったり、社会的地位のある人だった場合にとくに多いようです。

ある著名なベストセラー作家の子どもはイジメに遭い、父親から「だらしがない」と激しく叱責されたことで家を飛び出し、行方不明になっているということです。また、有名私立医大の学長をしている知人の息子は医学部に入れなかったことで親と口論になり、親を殴って家を飛び出し、その後何をしているかわからないということです。

さらに、ある著名な心理学者の息子はとても優しい子どもでしたが不登校からひきこもりになり、家族とも顔を合わせなくなったということです。

このような事件やひきこもりといった異常行動があると、その行動の原因を簡単に「発達障害があったのではないか」と決めつけ、納得しようとする風潮がありますが、それには無理があるように私には思えます。

あるうつ病患者は、果たして発達障害だったのか？

もう一つ、私の知人の例を挙げましょう、ある外科医師で某医大の名誉教授の家庭のことです。

彼の奥さんも医師をやっており、ある大学の麻酔科の准教授を務めて定年になった方。長女と長男も私学の医学部を出た医者一家でした。ところが次女だけは違った。とても良い子でしたが、家族の中で自分だけ医学部に行けなかったということに激しい劣等感を持っていたようです。

彼女はある女子大の家政学科に入りました。当時、ちょうど私はその大学の客員教授をしていたので、彼女に会ったことがあります。

彼女の気持ちを知った私は、励ますつもりで「医者だけがいい職業というわけではない。生きがいのある職業は他にもたくさんあるんだよ」「親だって定年になれば無職になって、普通の人になるんだから」と声をかけたりしていました。

それでも彼女の「私はダメな人間なんだ」という自己批判はやまず、ついに精神科でうつ病と診断され、抗うつ剤を投与されました。

その後、彼女のうつ病は悪くなる一方で、ついには精神病の施設に入ってそこで20年ぐらい過ごしたということです。両親から聞いた話では、経済的に娘をいつまでも施設に入れておくことができず、退院させて近くのマンションに住まわせたということでした。

すると、彼女は変わったのです。次第に自立するようになり、スーパーのパート職員になりました。そのうち彼女を好きだという人が現れ結婚、今は夫婦で暮らしているということです。ただ、今度は母親のほうがうつ病になり、寝たきりだということです。高齢夫婦で一方が寝たきりでは、いかに大変か想像できます。

それはともかく、この次女は明らかに社交性に問題があり、周囲の人とうまくいかない傾向がありました。それに発達障害の人の多くはうつ傾向がありますから、今なら発達障害（自閉スペクトラム症）、少なくとも発達障害グレーゾーンと診断されるかもしれません。

しかし、私はそうは思っていません。私は発達障害の研究をし、この本で説明しているような治療法にも関わっている人間です。そういう私が言うのは変に思われるかもしれませんが、私は何でも発達障害と見立て、ある種の行動の異常性はそのせいだとするのは違うというか、少なくとも最初からそう片付けてしまうのは危険なことではないかと思っています。

それはたとえば、凶悪な犯行に及んだ人間にはすべて遺伝子異常がある、と片付けるようなもので、実際にはさまざまな要因が複雑に絡み合っている事象を単純化し、パターン化する危険性があるのと同じです。

確かに、単純化するほうが理解は楽でしょうし、いい面がないとは言えませんが、時にそれはレッテル貼りにつながり、ある人の人生に取り返しのつかない負の影響を及ぼしてしまうことがないとは言えません。そこを注意深く考えるのが私たち研究者の重要な責務だと、私は考えているのです。

話を戻しますが、発達障害にも見えた先の次女は、果たして発達障害なのか？　と私はよく考えてみました。実際に私は彼女に接していましたから、ただ話を聞いたのとは違います。その結果、彼女の場合は発達障害というよりも、ものの考え方、もっと言えば人生観の問題のようにも思えてきたのです。

別の言い方をすれば、発達障害とかうつ病といった心の病は、その人のものの見方（見え方）、考え方、人生観といったものと深く関わっている場合があるということかもしれません。

発達障害の奥底にあるもの

もう一つだけ例を挙げましょう。私の親戚の子どものことです。

その子は長男でしたが、次男が生まれた時に母親が手が回らず、しばらく私たちと一緒に暮らしたので、私の妻もとても可愛がっていました。その子の母親はその後、夫と離婚し、フリーターのような男と再婚してその夫との間に娘が生まれました。

長男は明るい子でしたが、中学生の時にＡＤＨＤと診断され、カウンセラーのところに通ったそうです。中学を卒業すると高専に入ったのですが、１年生が終わる頃に社会経験をしたいからと学校を休み、ＩＴの会社で働きました。

しかし、社会は甘くなかったのでしょう。間もなく彼は仕事を辞め、別の会社に勤めると、その１年後には高専を中退してしまいました。大手企業の重役をしていた義弟は、学校に戻れとは一応言ったようですが、彼は学校には戻らず、その後は行方もわからず、何をしているかわかりません。

私が思うに、彼と彼の義父との間には確執があり、義父は彼を憎んでいた。中退のことを聞いても真剣に息子と話すどころか、むしろ、息子が人生を挫折することを望んですらいたのではないかと疑っています。

こうしたケースはどのように分類されるのでしょうか。

父親が本当に義理の息子のことを考え、愛情を注ぎ、何とか中退を思いとどまるようにしようとしていれば、こんなことにはならなかったと思います。先ほどの元事務次官の例でも、息子は親に愛されたかった、大事にされたかったのだと思います。

映画『エデンの東』の最後で、ジェームス・ディーン演じる孤独な青年の恋人は、彼の頑固な父親に頼みます。「人は愛がなければ生きられません。なんとか彼に優しい言葉をかけてあげてください」。脳卒中で倒れた父親は彼を呼び、自分の面倒を見てくれと頼むところで映画は終わります。

同じように、『草原の輝き』という映画では、息子の立身出世を望んだ親によって、愛し合う高校生の男女の仲が引き裂かれます。その後、ウォーレン・ベイティ演じる息子は大学を中退して小さな牧場を経営し、ナタリー・ウッド演じる娘は、自殺未遂の末に精神病院に入れられた時、付き合うことになった医師と結婚することになり、最後に高校時代の彼に会いに来るというストーリーです。

この二人の場合も、性格や行動が異常だと決めつけることはできないでしょう。

私はグレーゾーンも含め、発達障害と分類される人たちの根源には、愛憎に苦しむ人間の姿、むしろ体裁を装い傷つかずに生きている人たちより、よほど人間らしい人間の姿があるように思えます。

それは薬や生活指導などで決して治せない、心の奥底の問題のように思えるのです。

第10章

心の苦しみを和らげる食べ物

人生の苦しみから逃れることこそ、永遠の願いだった

今まで述べてきたように、私たちは皆、何かしら性格の偏りを持っています。それゆえに、多くの人は人間関係、仕事上のストレス、あるいは過去の出来事についての後悔や自責の念に苦しみます。

若い時は仕事や子育てなどに忙しく、あまり過去を振り返ることもありませんが、だんだん歳をとって仕事をリタイアすると人間関係も減り、同時に手足の動きが悪くなったり、目や耳の機能が鈍くなったりしているうちに、次第に何もしないで一日中、テレビを見たり、ぼんやりしたりという人生になります。

すると、国内外の出来事を見ては自分が期待するようにはなっていないと不快に思ったり、過去の失敗や人間関係の過ちを後悔するようになります。

これは誰にでもあることらしく、禅の歴史上もっとも有名な六《ろく》祖《そ》慧《え》能《のう》という方は「不思善、不思悪こそ悟りの本質だ（善悪など考えなくていい。あるがままを見なさいという教え）」と言っていますが、歳をとって時間をもてあますようになると、このことを身に染みて感じるようになります。

また、江戸時代の名僧、白隠《はくいん》禅師の法の上の祖父にあたる、至道無難《しどうぶなん》禅師という方は、「もの思わざるは仏の稽古なり」と言いました。何も考えないようにしているのが、仏の心を持つための稽古だというのです。忠臣蔵の大石良雄（内蔵助）の師とされる盤珪《ばんけい》禅師は「記憶こそ苦のもとなり」と言ったぐらいです。

さて、私たちは当然のことですが、苦しみを味わいたくないと思って生きています。とは言っても、それは叶いませんから、苦しいこと、辛いことがあれば、一刻も早く心を癒したいと思う。それが人間の心の常です。

そのため、この本では、最新の知見をもとに、自閉スペクトラム症やうつといった心の不安を伴う病気の最新治療法（腸内細菌置換療法）を紹介してきましたが、もう一つ、食べ物の工夫によっても心の苦痛は和らぐということをお伝えしたいと思います。

良い食べ物と腸内細菌の関係

多くの人が持っている発達障害的な思考、性格の偏り。しかし、私の考えでは、多くの場合これは遺伝でなく、社会の仕組みや人間関係の在り方、人生観の持ち方などによって引き起こされるもので、障害とか病気とか言えるものではないということです。

この本を読まれる方の中には、身近に発達障害の人を抱えていて、どうしたらよいかと困っている。だからこそ最新研究の取り組みや知見はどうなっているかを知りたいと思っている人も多いと思います。そうした人たちのために、前章までを費やしてきたつもりです。

しかしその一方で、自分と周囲の人の考え方、行動、生き方の違い、人間関係のすれ違いといったものに苦しんでいて、てっとり早く心を癒すいい方法はないものかと思っている方も多いと思います。おそらく症状的に言うと「発達障害グレーゾーン」に入るような人は、発達障害の根本治療といったものより、こうしたニーズが高いと思います。

このような方々に私がお勧めしたいのは、食べ方の選び方を変えることで、腸を健康にし、そのことによって脳にいい影響を与える方法です。

正しい食べ物を選ぶことは、健康な消化管を維持する上でもっとも大事なことです。食に関するさまざまな研究結果は、古代ギリシャの医師で、医学の父とも言われるヒポクラテスの「食べ物を薬とせよ、薬を食べ物とせよ」という教えの大いなる示唆を確認しています。

ここで私がとくにお勧めしたいのは、野菜・果物をより多く食べ、肉食を減らすべきだということです。

このような教えは、以前からあるにはありました。ところが、肉の成分であるトリプトファンからセロトニンという物質ができ、それが多くなるほど元気になるという説がもてはやされるようになったので「肉を食べると元気になる」という考えをもつ人が多くなりました。肉を食べ、日光を浴び、ゆっくり呼吸をすると脳内のセロトニンが増え、うつを防ぎ、不安をなくす脳を維持できるという説もてはやされました。

実際、20世紀の終わり頃には、うつ病患者の脳脊髄液を採取して調べると、その中のセロトニン（セロトニンの分解産物である5－ＨＩＡＡ）の量が減っているという研究結果が出てきました。

しかし、6章でふれた通り、最近では、うつ病の患者の脳のセロトニンは減っていないだけでなく、むしろ増えているという研究結果も多く出されるようになったのです。

これからは統計の話になるのですが、世界中で研究されてきた、いろいろな食事と心臓病、糖尿病などの病気、寿命との関係を見ると「赤身の肉は食べないほうがよい」という結論はかなり有力です。そして、野菜や果物を多く摂ったほうがいいというのは、ポリフェノールに代表される抗酸化物質（身体の成分が錆びるのを防ぐ）が豊富に含まれているからです。

ここまではよく言われていることですから、ご存じの人も多いと思います。ただし、いくらポリフェノールを多く摂ったとしても、ポリフェノールは腸内細菌が健全で、ちゃんと分解してくれないと効果がないということがわかってきたのです。

このような観点から、良い食事とは何かを考えてみましょう。

この半世紀ぐらいの間、日本人の食は欧米化が進み、かなり肉食が増えてきました。しかしそれでも、平均寿命の長い日本人の伝統的食文化＝日本食は、世界的に高く評価されています。

また、イタリアやギリシャの人たちは「地中海食」と呼ばれる食文化を持っています。地中海食は野菜、ヨーグルト、チーズ、ワインなどが主体で、オリーブオイル、魚、果物、ナッツなども多く用いられます。発酵食品が多いのも特徴の一つです。

一方、北欧＝スカンジナビア半島の人たちは長く寒い冬を過ごすので、北国の腸内細菌に適合した食＝さまざまな麦から摂る食物繊維、果実、ナッツ、魚、カモの肉などを摂っています。

このように、食べ物によって体内の栄養を維持することはもちろん大事ですが、同時に、腸内細菌を介して脳の健康を維持することがとても大事だということがわかってきたのです。

また、脳の異常（たとえばうつ状態、ストレスによる刺激、将来の心配などの不安を抱える）は神経やホルモンを介して腸内細菌にも影響を与え、それが健康全体を損なわせることになる、というのが近年、医学の常識になりつつあります。

ですから食べ物が腸内で分解され、それが栄養となって私たちの健康を支えている、だから食べ物が重要なのだ、という考えだけではもはや古いのです。

食物繊維が腸内細菌を増やしてくれる

食物繊維についてはダイエットや血糖値の観点から、盛んに摂ったほうがいいと言われてきました。

これは、私たちの消化液の中にある酵素は食物繊維を分解できないので、この分解されない繊維が腸管を刺激し、運動を高め、便秘を防ぐなどという考えで言われていたわけです。

しかし今では、食物繊維は有益な腸内細菌を増やすのに役立つという考えに変わってきました。腸内細菌は繊維を分解し、必要な成分を取り込んで有益な腸内細菌を増やすという考えになっています。

これを図10－1に示します。

健康な脳の働きは私たちの行動を正常にし、認知、感情などを正常に保ちます。また、これは腸を健常にします。また、腸内の免疫細胞とその活動を健常に保つのです。

一方、不安、恐怖、うつのように沈んだ気持ち、負の感情は行動や認知機能を異常にしてしまいます。実際、自閉スペクトラム症も認知症も、うつ状態から始まるとされています。

またこうした負の感情は、腸の免疫細胞の活動を過剰にしてしまいますから、腸に炎症が起こり、下痢などの刺激症状が起こるのです。

19世紀に小麦などを粉末にする方法が考案されました。小麦の外皮を壊し、取り除くと非常に微細な粒子となり、料理しやすくなります。

図10−1

腸と脳の関係

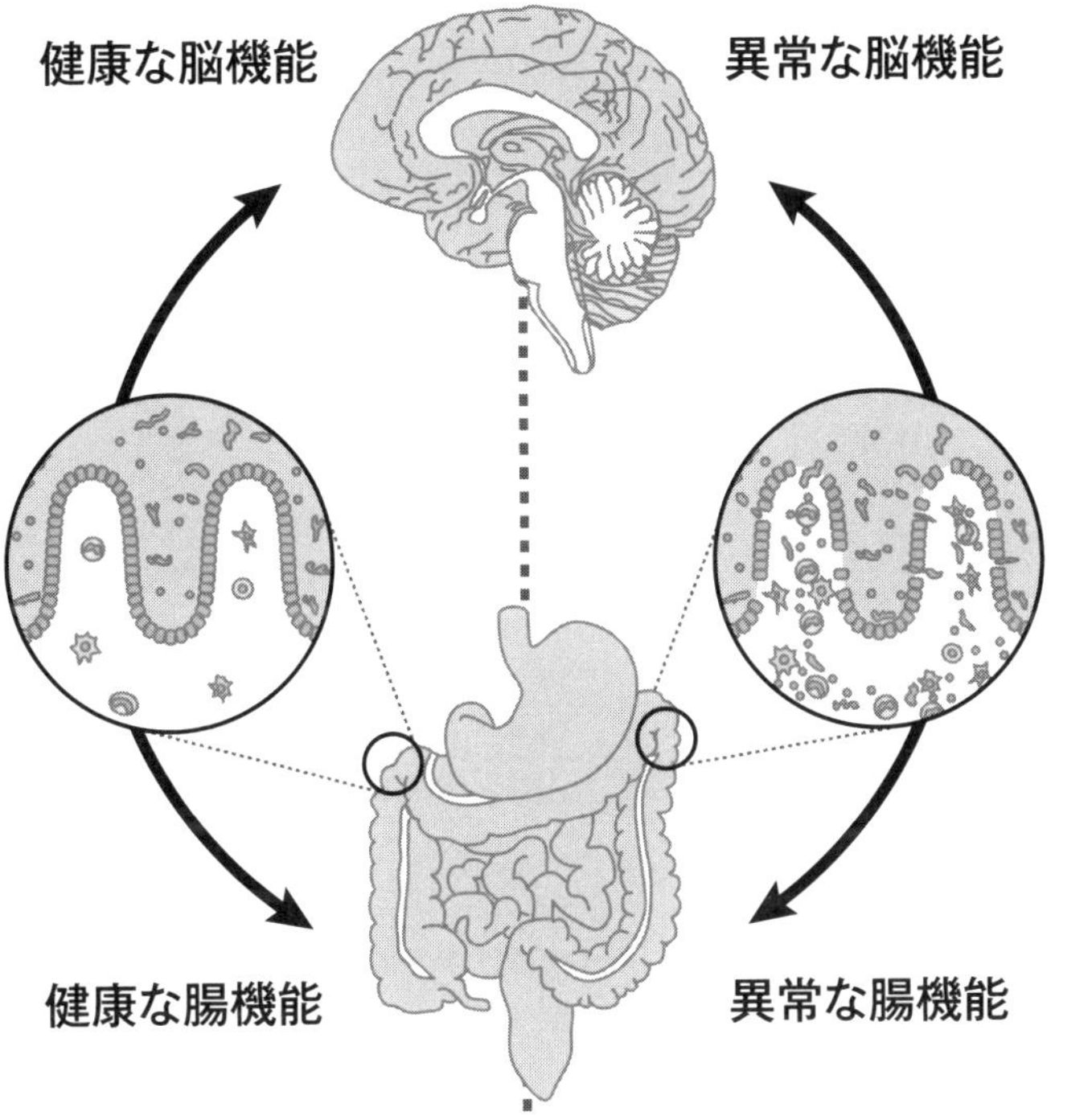

健康な状態

- 正常な行動、認知、感情、痛み
- 健常な腸管
- 健常な数の免疫細胞
- 正常で、多様性のある腸内細菌

ストレス、病気

- 悪化した行動、認知、感情、痛み
- 漏出の腸管
- 過剰な数の免疫細胞
- 多様性のない腸内細菌

白粉となった小麦粉は大成功を収めます。これでパンを作ると、よく膨らみ、普通の小麦粉の二倍の大きさになったのです。

同じことが果物についても行われました。混ざっている果物の外皮の部分を取り除き、フルーツジュースにすると、とても飲みやすい液体になったのです。

ただし、こうやって精製されたさまざまな食品には問題点がありました。その過程で食物繊維が失われてしまうことです。当時は腸内細菌のことなど考えていなかったのです。

精製で失われた食物繊維は腸内細菌に必要なものでした。食物繊維は良い腸内細菌を増やしてくれるのです。

3章でもふれましたが、私たちの健康に良い細菌をプロバイオティックスと言い、このような腸内細菌を増やす物質をプレバイオティクスと呼びます。食物繊維はもっとも重要なプレバイオティクスなのです。

食物繊維を分解してくれる腸内細菌

最初は食べやすいとか、効率的だとして始まった食品の加工ですが、結果的に腸内細菌にとって悪影響がありました。私たち消費者も食べ物の加工が私たちを病気にしていることをあまりよく知らなかったのです。

そのことが過敏性腸症候群、潰瘍性大腸炎、クローン病など腸の炎症疾患を増やしました。食物繊維は良い腸内細菌を増やすだけではありません。生体にとって貴重なビタミンを作りだすのです。

今では、ビタミンはサプリメントで摂取すればいいと思う人も多いと思います。しかし、口から摂り込んだビタミンは腸内で分解されたりして、あまり効果がないことも知られています。腸内細菌は繊維をもっとも有効に利用してビタミンを作りだします。

腸内細菌は酸や酵素による分解機能を持つ大腸に到達します。大腸の腸内細菌は繊維の一部分を分解し、ビタミンや抗酸化物質を作りだすのです。

こうしたことがわかった現在、言えることは、精製された粉末で作ったパンなどの食材より玄米、小麦粉などを食べなさいということです。果物もジュースにしたものよりも、果物そのものを食べることが大事だということです。

実は食物繊維については多くの誤解があります。食物繊維は糖がつながったもので、腸管の酵素、酸などが分解できない物質です。この繊維は大腸まで行って、腸内細菌で分解され、栄養素となるのです。

食物繊維が糖だというと砂糖を思い浮かべるかもしれません、しかし、これも間違いで、砂糖は多くの糖の一つに過ぎません。専門的に言うと、砂糖はブドウ糖と果糖がつながったもので「二単糖」と呼ばれます。ブドウ糖、果糖、ガラクトースの三種にいくつかの単糖が加わり、複合糖質と言って長い糖ができます。

３つから10の糖がくっついたものがオリゴ糖です。果糖から始まるオリゴ糖をフルクトース・オリゴ糖（ＦＯＳ）と言い、ガラクトースから始まる糖はガラクトース・オリゴ糖（ＧＯＳ）と言います。これらは繊維が分解してできるものですが、重要なサイコバイオテイック（精神活性化腸内細菌の栄養素）である可能性があるのです。

先にも述べたように、有益な腸内細菌をプロバイオティックスと言い、それを多くする物質をプレバイオティクスと言います。

最近の研究ではＧＯＳとかＦＯＳを与えたマウスは不安になることが少なく、認知機能が増し、ストレス反応も減るということがわかってきています。

腸内細菌は乳糖を他の二単糖に結合させてＧＯＳを作ります。乳糖はガラクトースとブドウ糖が結合した二単糖ですが、これにガラクトースをつけてオリゴ糖としますが、オリゴ糖を作るための酵素は腸内細菌が持っています。腸内細菌はオリゴ糖を作るとともに、それを取り込んで栄養素にしているのです。

ＧＯＳはビフィズス菌で作られます。２００８年のイギリスの研究ではビフィズス菌で作られたＧＯＳは工業的に作られたＧＯＳよりもビフィズス菌を多く増やしたということです。

最近ではＧＯＳ、ＦＯＳを使った研究が盛んに行われるようになりました。２０１３年のミシガン大学の研究では45人の肥満な人にＧＯＳを与えたところ、腸内細菌を増やし、腸の炎症を軽減したということです。２０１５年のオックスフォード大学の研究では、ＧＯＳもＦＯＳもストレスを軽減し、不安を減らしました。その軽減程度はＳＳＲＩのような抗うつ剤と同じ程度だったということです。

これらの結果はプレバイオティックとしてのＧＯＳが薬と同じくらい不安を減らし、

さらに副作用が少なかったことを示しています。

高繊維食は自然のプレバイオティックです。とくに複合糖質を含む繊維を腸内細菌は好むのです。サプリメントでプレバイオティックを摂取するよりも食べ物から食物繊維として摂取するほうがいいのは、過度の摂取がないということです。

たとえば、水溶性食物繊維のイヌリンですが、これはＦＯＳを多く含んでいます。ゴボウやタマネギなど多くの食べ物にイヌリンが入っているので、調べてみてください。

一方、肉はどうでしょうか。残念ながら肉に食物繊維はありません。ですから野菜を一緒に食べることが必要で、地中海食が勧められる理由もこれです。

肉を摂取する際には果物、野菜、ナッツなど食物繊維を多く含む食材を一緒に摂ることです。たしかに、タンパク質をとると一時的に元気になるということはあります。肉に含まれた成分が脳を刺激するからだと言われてきました。

しかし、この考えの中には腸内細菌の役割に対する認識が欠落しています。たとえば欧米では、最近うつ病が急増しています。

肉を摂取して元気になるならハンバーガーなどは最適な食事と言えるでしょう。しかし、欧米では心臓病、肥満などが増えているだけでなく、不安症、うつ病なども増えていることに留意する必要があるでしょう。

古くから知られていた発酵食品と健康の関係

次は発酵食です。

野菜の発酵は人類５０００年の歴史の間、ずっと続いてきました。人々は温暖で緑の多い土地から野菜しか育たないような土地へ移動していく時、生存手段として野菜を発酵させ、保存する魔法を身に付けました。

発酵は有毒な細菌を殺すので、有益な細菌にとっては救いだったのです。現在では冷蔵庫の普及でわざわざ発酵させなくても食べ物を保存できるようになりましたが、それでも人々は発酵食を全く捨てていません。なぜでしょうか。

それは、すべての食べ物は発酵により人間に有益なプロバイオティックを増やすからです。そんな専門的な知識などなくても、発酵食品が体にいいことを人類は経験的に知っていたわけです。

私はアメリカにいる時は野菜、大根、キュウリ、白菜などを瓶に詰め、少しの砂糖と醤油、みりんを加えて蓋をし、数か月保存して食べていました。ピクルスというこの食べ物も有害微生物を殺し、ラクトバシラス属のような有益なプロバイオティクスを増やします。

このように、実際すべての民族は独特の発酵食文化を持っています。味噌、醤油、納豆などは日本の代表的発酵食品ですが、チョコレートやコーヒーも発酵食品だと言うと驚く人もいるかもしれません。

キャベツを発酵させた食品がサワークラウトやキムチです。これらにはビタミンＣ、Ｂ、Ｋなど多くの栄養素を作りだす細菌がいます。サワークラウトには実に多くのラクトバシラス属が含まれているのです。

19世紀になると細菌学者ルイ・パスツールは、生きている微生物が発酵の主だということを示しました。

実際、まだ小麦などを小麦粉にする前、つまり３万年も前からパンは食べられていたのです。その後イーストを用いて発酵させる技術が見いだされ、現在のようなパンができたのです。

ワインにも発酵が作用しています。これもパスツールが見つけました。パスツールは良くない細菌はワインをダメにしてしまうことを知り、発酵のために適切な時間、温度などを示したのです。

次はお馴染みのヨーグルトです。ヨーグルトは最高のサイコバイオティック（精神活性化微生物の産物）とされます。

ミルクはヨーグルト、バター、チーズなどいろいろな食材になります。もともとバターの生産者は古くなったミルクを普通のミルクに混ぜてみました。これでバターができたのです。さらに人々は古くなったミルクを飲んだりしました。すると、酔っぱらったような状態になり、その状態から回復すると気分がよくなり、元気になったように感じた。こうした試行錯誤がいろいろな部族の中で行われた結果、発酵ミルクの食材、ヨーグルトができたのです。

ヨーグルトは数千年にわたって健康に良いとされてきました。この問題に真剣に取り組んだのは、免疫系の研究、加齢と細菌の研究でノーベル賞をもらったイリア・メチニコフ（ロシア出身の免疫学者）です。

彼はある時、ブルガリアで高齢の農夫と出会いました。農夫は高齢者とは思えないほど健康そのもので、聞けばヨーグルトを飲んでいるとのことでした。この話に驚いたメチニコフはヨーグルトの研究をはじめ、ヨーグルトの熱烈な信者になったのです。ヨーグルトや他のミルク系発酵食品はラクト菌とかビフィズス菌というサイコバイオティック微生物の産物です。ラクト菌は乳糖を食べ、乳酸を作ります。それでヨーグルトは酸っぱい味がしますし、ヨーグルトには生きた細菌が入っていますから、食べすぎには注意するように言われるのです。

脳と心の健康に良い食べ物は?

さて最後に、心の健康のためには何を食べたらよいかを提案しておきます。

図10―2は、食における健康ピラミッドの図です。この図は長寿社会に住む人たちの食べ物統計、つまり、長寿の人たちがどんなものを多く食べ、どんなものをあまり食べないか、というデータに基づいて作られたものです。

たとえば甘いものですが、確かに疲れた時、甘いものを食べると元気になります。その理由は、脳はブドウ糖を必要としていること、そして甘いものの原料は砂糖で、砂糖はブドウ糖と果糖からなる二単糖だからだと説明されています。また、甘いものは快感

図10−2

食の健康ピラミッドの図

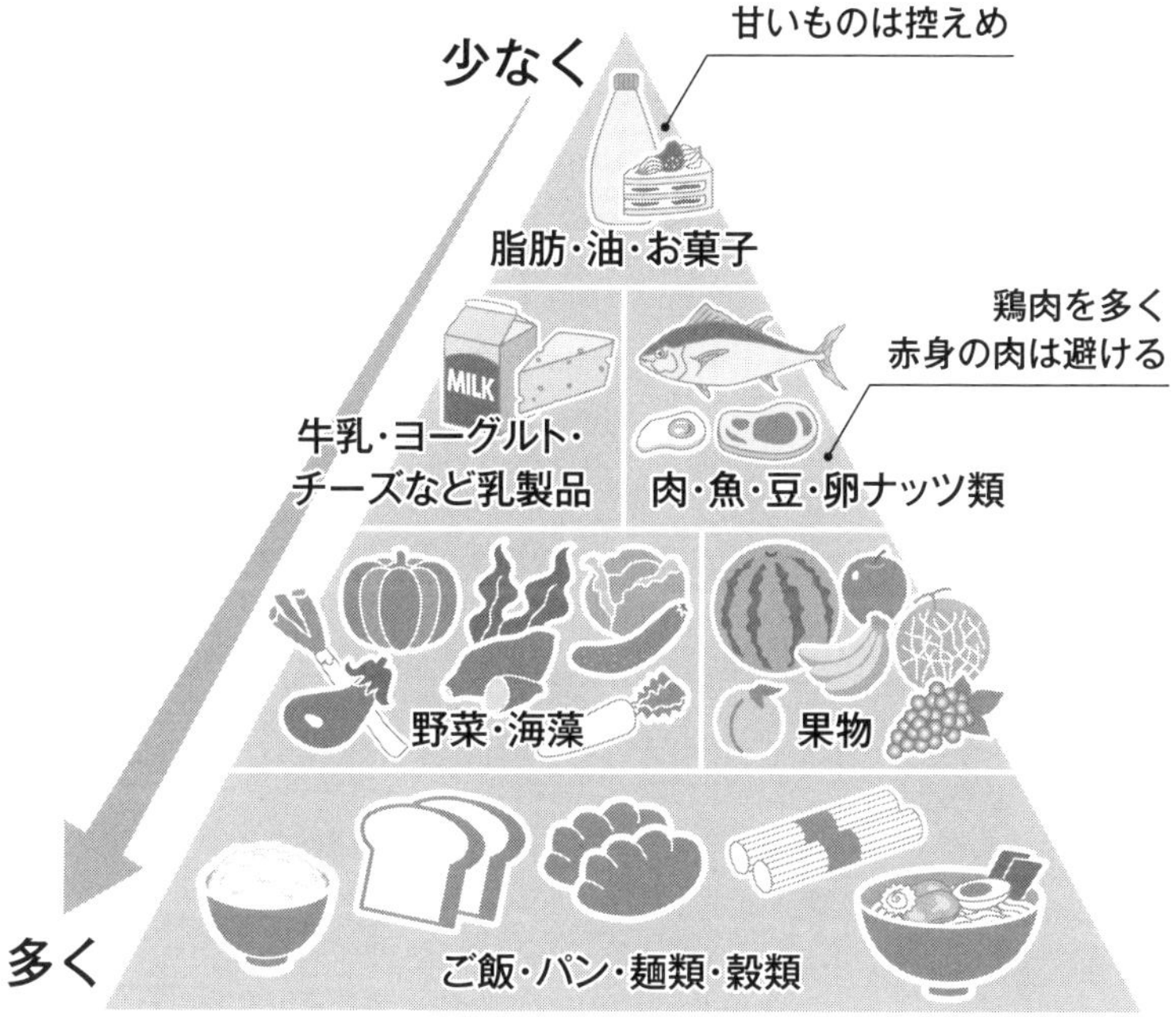

中枢（報酬系）の側坐核を刺激して喜びを与えることも元気のもとと言えるでしょう。

しかし統計的にみると、甘いものが体に良いとは言えません。多くの人は甘いものを摂りすぎることで肥満になり、余命が短くなっているからです。

また、牛肉のような赤身の肉もたしかにおいしいし、元気になります。先にもふれたように、肉に含まれるトリプトファンからセロトニンができ、元気になるからだと説明されてきました。ところが長寿社会の研究では、赤身の肉を多く摂取する人は心臓病、糖尿病などになりやすいこともわかってきています。

現在では「赤身の肉と砂糖はひかえめに」というのが、寿命を研究している人たちの大半の意見です。

このように健康に関する知見は、古くからさまざまな意見や定説があり、それが時代とともに変わって現在のようになっているのは、間違いなく腸内細菌に関する研究が進んだからだということです。

もちろん、この先もいろいろ新しいことがわかってくるだろうと思いますが、腸内細菌と脳も含めた人間の健康との関係が無視されることは今後もないだろうと、私は思うのです。

第11章

高齢者の食と性格の変化

「昔はあんな人ではなかったのに……」

このところ、「高齢者の人たちの様子が昔と変わってしまった」と言う人が多くなってきました。

昔のおじいちゃん、おばあちゃんたちは温厚な感じだったのに、最近の高齢者たちは家族の言うこと、行うことに対してとても批判的で、言動が攻撃的になったという人が数多くいます。

そのため、子どもや孫が自分に寄り付かなくなったのを自分のせいではなく、一方的に彼らのせいにする高齢者が増えた、とも言われます。

私自身も高齢者なので人のことはあまり言えませんが、学生時代の同級生や昔の同僚など、私や妻の知り合いを見ても同じように思うことがよくあります。「昔はあんなことを言う人ではなかったのに」と、つい思ってしまうのです。

一方、若い時には女性問題を起こすことは全くなかった人が、歳をとってから性に異常な関心を持つようになることがあります。この問題はＮＨＫの番組でも取り上げられました。連れ合いを亡くした人だけでなく、妻帯者にも見られるようです。

高齢になるにしたがって怒りっぽく、批判的になる夫と次第に夫婦関係が疎遠になっている場合も多いと解説されていました。

そのため、かつては職場で高い地位にあり、人格者などと言われていた人がＳＮＳで交際相手を求めたり。いわゆる「パパ活」にのめりこんで警察沙汰になることもしばしばあるようです、

とくに興味深いのは、高齢者によるさまざまな事件が起こると、「昔はあんなことをする人ではなかったのに」という言葉がよく聞かれることです。

たとえば少し前に起きた事件。80代の両親の近くに住む息子が実家に帰り、お金を借して欲しいと父親に頼みました。すると父親は「お前の生き方はなんだ。そんなことをしているから、誰からも相手にされないんだ」と日頃抱いていた不満をぶちまけると、それにカッときた息子が両親を刺し殺してしまったという事件でした。

事件後、近所の人たちは「仲の良い親子だと思っていました」「息子さんは自慢だったらしいですよ。驚きました」などと驚きを隠せませんでした。

実はこれ、本当のところは息子の生き方云々というより、日頃から自分に近寄ろうとしなかった息子に父親が強い不満をもっていたことが原因だったようです。

刺した息子のほうは「決して親を避けていたわけではありませんが、あまりに忙しいのと、父親と話しても説教されるばかりで面白くなかった」などと言っていたのが印象的でした。

こうした悲惨な事件にまで至らなくても、歳をとるにしたがって批判的なことばかり口にするようになった親を子や孫が避けるようになった、というケースはよくあるのではないでしょうか。

高齢者が口うるさくなるのは、食生活の変化のせい?

もちろん、個々のケースは事情が違いますから一概にどちらが悪いとか言えませんが、一般論として、このような高齢者の性格、感情、考え方などの変化に食べ物は関係していないのかどうか、関係しているとすればどう関係しているのか、というのが私の関心事です。

多くの人は歳をとると歯に問題が起きます。歯槽膿漏で歯茎が侵され、結局歯を失うことになった人は数多くいます。私自身も前の下の歯がグラグラしだし、リンゴか何かを噛んでいた時に、その歯に当たって歯を失いました。

他の歯は今のところ大丈夫ですが、失ったのが前歯だけに笑ったりする時はとても気になります。代替にいろんなものを試しましたが、結局今はそのままにし、それ以外の前歯を失わないように注意していますが、少し硬い野菜などを食べる時はどうしても前歯が気になります。

また、高齢になると飲み込みがうまくできなくなり、よくむせたりします。高齢者の誤嚥性肺炎が多いのはこれが理由です。

「若大将」で一世を風靡した加山雄三も今は85歳を超える高齢者ですが、かつてはスポーツ万能で、大きなヨット（クルーザー）での航海を楽しんだりしていました。俳優として活躍するだけでなく、ピアノやギターを弾き、自分で作曲も手掛けヒット曲を連発したスーパーマンです。

ところが２０２０年のある日、バンドの練習をしていて、喉が渇いたので水を飲んだらむせてしまい、倒れてしまった。小脳出血ということでした。

その後、リハビリで言葉の発音の練習をしたり、歌ったりもしていましたが、22年にコンサート活動から引退すると表明しました。これは、あれほどの運動神経の持ち主でも、歳をとるとやはり飲み込みがうまくいかなくなったということを示している、と私は思いました。

高齢者と食べ物に関係する問題としては固いものが食べにくくなる。とくに生の野菜、大根、ニンジンなど、細く切ったものでも避けるようになるので、食物繊維が不足しがちです。

さらに、味覚が鈍感になるため、濃い味でないとおいしいと感じなくなります。サラダにした野菜も硬いうえに味を感じにくくなるので、食事を作る人がこれを理解している人なら、野菜はよく煮込んで柔らかくし、よく味付けして出すようにするのです。

図11－1は高齢者が食べにくい食材の例を挙げたものですが、最初に挙がっているのが繊維の多い食べ物です。そのため、繊維を柔らかくするために、よく煮込んだり、こまかくつぶしたりして調理します。ちょうど小麦から小麦粉を作るようなものですが、これが問題なのです。

食物繊維はそのまま食べると、私たちの腸内では分解されにくく、大腸に入ってから腸内細菌によって分解され、良い腸内細菌＝サイコバイオティックに取り込まれ、これ

図11−1

高齢者が食べにくい食材

- **繊維が多く硬い**
  ごぼう、れんこん、いか、たこ　など
- **水分が少ない**
  トースト、せんべい　など
- **上あごに張り付いて取れにくい**
  焼きのり、わかめ　など
- **硬い粒が口の中でばらばらになる**
  チャーハン、野菜のみじん切り　など
- **のどの通りが良すぎる**
  なめこ、汁物、水　など
- **粘りや弾力が強い**
  もち、かまぼこ、こんにゃく、椎茸　など
- **口の奥で形がつぶれる**
  豆腐　など
- **粉っぽい**
  きな粉や粉砂糖をまぶした菓子　など
- **酸味が強すぎる**
  柑橘類、酢醤油　など
- **すすりあげて食べるもの**
  麺類　など

を刺激します。

良い腸内細菌は、有害な腸内細菌を殺す物質を出すとともに、脳を活性化する物質を出します。「脳活性化物質」と呼ばれるこれらの物質は脳を刺激し、感情の高ぶりを抑えたり、不安、うつの状態を軽減したりするのです。

つまり、食物繊維の存在は腸にとって良いだけでなく、脳にとっても良いということ。ところが、野菜の食物繊維を煮込んで柔らかくするということは、その段階で繊維を一部分解してしまうということになります。このように分解された繊維がサイコバイオティックを刺激して、脳を活性化してくれるとは限らないのです。

つまり、食べ物が変化することは、その人の性格、行動、考え方を変えることに直結している。そのことが、高齢者になると昔と違う人間になったような印象を人に与えると、考えられるわけです。

腸内細菌はサプリでは補えない!?

私の知り合いの医師が、かつて東大病院の内科医で本もたくさん出し、クリスチャンとしても有名で多くの人から尊敬されていた有名な先生のことを話してくれました。知り合いは高齢になったその先生の主治医だったのですが、人格者と言われていた先生は別人のように怒りっぽくわがままになって、家族に恐れられていた、と言っていました。そして「あれだけ身に付けた学問も宗教も役に立たなかったのを知って悲しかった」と私に言ったのです。

私はこの原因が、すべて先生の食べ物が変わったからだと思いません。しかし、このような劇的な性格の変化に食の影響がないとは言えない、と思っています。腸内細菌のことを知れば知るほど、それが脳、性格に及ぼす影響力に驚かずにはいられないからです。

最近では、高齢者はどこかの段階で介護施設に入るのが普通になってきています。介護施設に入居するには多額のお金が必要な場合もあるでしょう。しかし、多くの施設は栄養や運動や医療を含めた知識や情報を蓄積し、高齢者にとって良いと思われる介護を提供していることも事実です。

私の知り合いで、医師で作家としても活躍した人のケースでは、高齢になって本も出せなくなり、人も近づかなくなると、とても不安になっていたようです。また、何か気に入らないことをすると、恐ろしい表情で怒るので、家族が誰も近づかなくなったと言います。

この先生は最後に、比較的高級な介護施設に入居することになったのですが。そこで食べやすく工夫した食べ物を毎日摂取するようになると、次第に落ち着きを取り戻し、昔のように余裕のある日常生活をするようになったということです。

もちろんこのケースも、食べ物の変化だけが理由とは言えないかもしれません。しかし、他にも工夫された食事をとることで苛立ちが減り、落ち着いた生活を取り戻したという人が数多くいるのは事実です。

こうした事実を知れば知るほど、先にもふれたヒポクラテスの「食を薬とせよ、薬を食とせよ」という言葉の重みがわかります。

高齢者は歯が悪くなったり、飲み込みが大変になったりするので、ひとりで生活している時には気づかないうちに偏食になって食べやすいものだけを食べ、栄養はサプリなどで補えばいいと考えがちです。

しかし、サプリで腸内細菌は補うことはできません。そこで知識のある人はヨーグルトを食べたりすることで「善玉菌」を摂り、良い腸内細菌を補おうとします。

しかし本当は、このような方法でも食物繊維は補えないのです。なぜなら摂りやすくした繊維は自然界にある繊維と同じではない。つまり、同じ働きをしてくれるとは言えないからです。

そこで私は、できるだけトマトやレタスのような食べやすい野菜を、味付けなどに工夫し、生野菜のまま高齢者が摂取できるようにすることを目指して欲しいと思っています。ある意味、それこそが家族の愛情に匹敵する最良の介護だと思っています。

第12章

高齢者の性格の偏り

発達障害的「才能の偏り」とは？

ハンス・アスペルガーは１９０６年にオーストリアに生まれた小児科医で、彼は最初に「共感能力の欠如、友人関係を築き上げる能力の欠如、一方的な会話、特定の興味における極めて強い没頭及び、ぎこちない動作を含む行動および能力のパターン」を分類しました。その名を付した、いわゆる「アスペルガー症候群（自閉スペクトラム症のうち、言葉や知的遅れのない障害）」の最初の定義をした人でもあります。

彼はナチスと協力して、問題があるとみなされた子どもたちをシュピーゲルグルント（ナチス時代に問題や障害のある子どもを収容した福祉施設）へ移送することを勧めた結果、数十人の子どもがそこで殺害されました。

イギリスの女性精神科医ローナ・ウイングは、自分が見つけたと思った患者の例をすでにアスペルガーが見つけて発表していたことを知り、これを「アスペルガー症候群」と名付け、普及させました。しかし先にふれたように、アスペルガーがナチと協力したことが喧伝されるとこの名称は使われなくなり「自閉症スペクトラム障害」などと言われるようになったのです。

アスペルガーの患者のなかには才能ある子どもたちが何人かいましたが、彼は自閉症患者の特徴は、そのことがもたらす利益は少しで、社会的な価値はほとんどないとも主張もしていました。

その後、多くの研究者が、たとえばアルベルト・アインシュタイン（ドイツ生まれの理論物理学者）やルートヴィヒ・ヴァン・ベートーベン（ドイツの作曲家）などは自閉症の性格を大いにもっていた、自閉スペクトラム症の人たちには特別な才能のある人が数多くいると主張しています。

他の例では、4章でもふれた第二次大戦でドイツの暗号機「エニグマ」を解読したアラン・チューリングとノイマン型コンピュータを作ったフォン・ノイマン。

チューリングは文科系のことにはまるで興味がなかったため、イギリスの一流の学校には入ることができませんでした。

ハンガリー生まれのノイマンがいわゆる「ノイマンの方程式」を提唱してコンピュータの原型を作るなど偉大な業績を残したことは4章でふれた通りです。その異常な計算能力とその偏り（日常生活では食器がどこの戸棚に入れてあるか、何度教えても覚えられなかったなど）についてもふれました。

アイルランド出身の作家オスカー・ワイルドの『ドリアン・グレイの肖像』という小説をご存じでしょうか。老いをテーマにした小説です。

友人の画家バジルのモデルになった美しい青年ドリアン・グレイは、ヘンリー卿が述べた自分への賞賛の言葉に惑わされ「自分ではなく肖像画のほうが歳をとればいいのに」と言いだす始末。挙句に、恋をすることで平凡な女になってしまった女優の彼女を捨ててしまい、彼女は自殺してしまいます。

その日、ドリアンは自分の肖像画が醜い姿になっているのを見て驚きます。その後もドリアンは奔放な生活を続けますが、自分は老けないのに、肖像画は次第に醜く老けていくことを知るようになります。

その後、さまざまな事件が起こる辺りは省きますが、最後にドリアンは肖像画こそ自分の良心だと悟り、これを壊そうとします、その物音に驚いた家人が駆けつけると、そこには若々しいドリアンの肖像と醜く老いた老人の死体があったという話です。

これは作者のオスカー・ワイルドの人生と重なる小説だと思います。実際、ワイルドは若者へのわいせつ行為で有罪になって服役。釈放された後のワイルドを見た人は、彼がものすごく老けてしまったのに驚いたと言います。

オスカー・ワイルドも天才と言っていい作家だと思いますが、やはりその能力には偏りがあり、そこに老いが絡むことで悩みを抱えていたのではないかと想像します。

こうした天才たちに見られる「能力の偏り」について私は、人間の脳の大きさや脳細胞の数はだいたい同じなので、異常な才能を持つ人の場合、その才能にとって必要のない脳の他の部分は発達しないのだと考えています（もちろん、神経のつながりの具合なども関係していると思いますが）。

脳の老化にも偏りがある

これと同じことが、一般的な「脳の老化」についても言えるように思えます。つまり、脳機能の老化はあらゆる能力について等しく進行するのではなく、**ある能力を残すために別の能力は早く老化する**、という考えです。

私自身、妻を見ていてそのことを実感した経験があります。

妻は私の大学の同級生で一緒に生理学を研究し、アメリカでも一緒に働き、日本に帰ってきました。日本では浜松医大、最後は国立看護大などで務めた後、晩年も私の原稿の校正をしてくれたりしていました。

妻の頭は最後までよく働き、新聞に文章などを書いてもいたのですが、足が次第に動かなくなりました。医者に診てもらっても骨や筋肉にも異常はなく、脳のＭＲＩやＣＴにも異常はありません。しかし妻の足はどんどん動かなくなり、家の前に10メートルほどの道があるのですが、信号が青の間に渡りきることができなくなったほどです。

結局、妻は脳出血で亡くなったのですが、その前日も私の長い原稿を校正し、朝も布団の中で本を読んでいました。妻は足が動かなくなっただけでなく、皮膚の色が変色し、フケのように落ちた皮膚片が布団の中にたくさんありました。それでも顔にはさほど変化はなく、家に来た知人からは「いつまでもお若いですね」などと言われていたのです。

後で私は、妻の全部が老化したのではなく、足だけに老化がきて他の部分の老化を遅らせたのではないかなどと思ったものです。

次は私自身のことです。

私は妻の亡くなる2年ぐらい前から味に鈍感になりました。

味覚には、甘い、しょっぱい、にがい、酸っぱい、旨いという基本となる味覚はもちろんあるのですが、その組み合わせから感じられる微妙な味がわからなくなったのです。

75歳くらいの時、ウーロン茶を飲んで「これがウーロン茶の味か？」と妻に言った覚えがありますが、今でもお茶の微妙な味などはわかりません。

私は昔からかなりの飲酒家で、酔っぱらって人に迷惑をかけたこともありましたが、ある時を境にほとんど酔わなくなりました。これには妻が先に気づいたようで、あるときフラフラして帰ってくると、「今日は珍しく酔っていますね」と言ったぐらいです。

そんな状態で無理に量を飲むと、夢遊病のように何をしたか覚えていないような状態になります。朝起きた時、ポケットに入っていたタクシーの領収書を見て、昨夜どこに行ったのか全く覚えていなかったということがありました。

匂いにも鈍感になりましたが、幸い頭の働きはさほど衰えていないようで、このような本を書いたり学術書を出したり、あるいは英文の学術書を編集したりもしています。

知り合いに言わせると、私は歳をとっても若く、活動的だということになるのですが、これは味覚、嗅覚、酔いの感覚を失ったのと引き換えに得られているものだと思っています。

先ほどのドリアン・グレイの場合には肖像画が老けて、自分は老けなかったのですが、私や妻の場合は晩年の活動に不必要な機能はどんどん失われ、必要な機能のみ残ったとも言えるような気がします。

映画『草原の輝き』にはワーズ・ワース（イギリスの詩人）の有名な詩が出てきます。

あの草原の輝き、草花の美しさ
それが永遠に戻らなくても、嘆くのはよそう
残されたものの中に力を見出そう

これはおそらく、ワーズ・ワースの体験からきたものではないでしょうか。

私は若い頃から囲碁や将棋、スポーツも全くダメで、昔はピアノやバイオリンも弾きましたが、今は全くできません。しかし、それでも日本で本を書き、仲間と共同研究をし、英語による論文や本も出せています。

私にはこれで十分、これ以上を望むこともないでしょう、老化にも脳の偏りがある。残った才能に気づいて頑張れよと言われているような気がして、そのことに感謝して日々を過ごしています。

第13章

心の健康が体の健康をつくる

~仏教の教えに学ぶ「心の持ち方」

マイナス感情から遠ざかるのに有効な仏教の教え

腸と脳が深く関係していることは、だいたいわかっていただけたかと思います。心と体はかくも密接な関係にあり、その重要なつなぎの一つが腸内細菌なのです。

腸と脳の関係は一方通行ではありません。いったん自分の腸内細菌を消去し、他人の腸内細菌を入れ込むとそれが脳に作用し、不安感やうつ状態といった心の状態が改善される、ということを説明してきましたが、その逆もあります。

つまり、心の在り方が変わると、それが腸（消化管）に作用して腸の具合が変わり、今度はそれがフィードバックして考え方、感じ方を変える。そのことが人に幸せをもたらしたり、不幸にしたりすることがある、ということです。

これまで語ってきたように私は敏感体質（ＨＳＰ気質）で、他人の言ったこと、行ったことが非常に気になる性格です。若い頃からそれを何とかしようと懸命に模索し、さまざまなことを試みてきました。

とくに仏教、なかでも「禅」には大変関心を抱き、修行もしてきました。仏教の教えはとても数が多いですが、その一つが天台宗に伝わる『天台小止観』です。この教えは禅宗、日蓮宗、浄土宗などの基本になったものなので、最後に紹介したいと思います。

宗教と聞くと、拒絶反応がある人がいるかもしれませんが、不安や怒りといったマイナスの感情から逃れ、心の安らぎ、癒しを獲得する手段として、日本人にとって仏教の教えは普遍的価値を持つものだと思います。

日本に生まれ育った人で、お寺に行ったことがないという人はほとんどいないでしょう。また、縁日など仏教行事の場に一度も足を運んだことがない人も珍しいでしょう。「私は無宗教です」と言っているような人ですら、好むと好まざるに関わらず仏教的なるものは体にすでに入っているのが日本人ですから、仏教の良いところを学んでおいて損はないと思います。

そういうわけで、少し万人に役立ちそうな教えの話を少しだけして、本書を締めたいと思います。

もっともしてはいけないのは「自分を責める」こと

天台宗は、日本では延暦寺（京都・滋賀）に伝わる宗派として知られています。もともと天台宗の教えは唐の時代に鑑真和上が来日し、天台の典籍が日本に伝わったことから始まったものです。次いで伝教大師最澄が延暦24（８０５）年に唐に渡って天台山に登り、天台の教えを受けて帰国した後に比叡山の延暦寺を創建、日本天台宗の開祖となりました。

その教えをまとめたのが『天台小止観』ですが、この内容を説明するには「止観」という言葉から入る必要があります。『天台小止観』の中核となる言葉ですが、ここでは禅との関係を主に説明しましょう。

『天台小止観』には「それ泥洹《ないおん》の真法は、入るにすなわち多途あれど、その急要を論ずれば、止観の二法を出でず」と書かれています。

泥洹とは涅槃、つまり悟りのことです。悟りに入るには止観を学ぶのがもっとも良いというのです。

「止」はサンスクリット語でサマタと言います（三昧ともいわれます）。外界の現象や乱れた思いに心を乱されることがなく、心を対象に集中すること。観はビッパサナーと言われ、諸法を観察することを意味します。

小止観の「止」は禅定（瞑想して悟りを得ること）を得るための行法であり、「観」は智慧（物事をありのままに把握し、真理を見極める力）を得るために必要だとします。これらは車の両輪のようなもので、一方に偏すると間違った生き方、考え方になるという教えです。

『天台小止観』でもっとも大事な教えは「**罪というものは本来ない**」という教えで、これこそ釈尊（釈迦）の教えの根幹をなすものです。これを自覚できれば悩みが消え、心身の爽快を得ることができます。

罪の意識があると自分を責める「自責の念」が生まれますが、これを持っている人がなんと多いことでしょうか。私自身も浜松医大で研究していた若い頃にこれがひどくなり、うつ病と診断されました。

自分を責めることは自信を失うことにつながり、自信を失うことは自分の心を失うということですから、「自分を責める」のは、もっともしてはならない行為です。

多くの仏教宗派で「罪というものはない」ことを教えていますが、小止観の「**罪性は無性なりを観ず**」という言葉もこれを示すものです。また、有名な白隠禅師も『坐禅和讃』の中で「**一坐の功をなす人も積みし無量の罪滅ぶ**」と言っていますし、親鸞上人は、『高僧和讃』の中で次のように言っています。

罪障功徳の体となる
こおりとみずのごとくにて
こおりおおきにみずおおし
さわりおおきに徳おおし

「罪や障《さわ》りは功徳のもとになる。その関係は氷と水のようであり、氷が多いほど溶けたときの水は多くなるように、罪や障りが多いほど後に得られる功徳も多い」という意味で、要するに罪は功徳のもとなのだから、罪の意識にさいなまれることはない、という救いの言葉です。

自分には罪があると思って懺悔し、自分を責めるようなことがあれば、いくら努力しても心の安心、すなわち仏の救いは得られない。このことはぜひ胸に止めておきたいものです。

リタイア後こそ必要な心の修行

次は「着るものと食べるものに節度を持ちなさい」という教えです。これはわかりやすいと思います。高価で華美な衣服を身にまとったり、食べ物についても次のように、暴飲暴食を戒めています。

> 量を知り、足るを知れ。もし過ぎて貪求し、積聚《じゃくじゅう》すれば、すなわち心は乱れ道を妨げん

次は**閑居《かんきょ》静処《じょうしょ》**です。現代の生活環境の中では、〝ポツンと一軒家〟暮らしでもしない限り、人のあまりいないところで暮らすことは難しいでしょう。それでも機会を作って静かなところに身を置くことは大事です。

とくに育児や子どもの教育に翻弄されている時は自分の時間が取れないだけでなく、静かに座れる部屋もありません。しかし子どもが成長し、家を出たりしていくつかの部

屋が空けば、自分の場所や時間がとれるようにもなります。中高年であれば閑居静処も可能ではないかと思うのです。

息諸縁務《そくしょえんむ》とは、世俗の雑務をやめることです。これは毎日の生活に追われている一般人にはとても望めないこと、望んではいけないことですが、サラリーマンが定年を迎えたらどうでしょうか。

多くの人は定年退職後に時間を持て余し、時間つぶしのために何かをしようとします。人と付き合うのがいいなどと言われ、知り合いとの飲み会を増やしたために体を壊す人も多くいます。

晩年を暇つぶしだけで過ごしてはいけないのです。真宗の妙好人として有名な浅原才市は無学の大工にすぎなかったのですが、優れた悟りの言葉を述べています。もっとも有名な言葉は「**この世の日暮れはあの世の夜明け**」という言葉です。

さらに道元禅師は『修証《しゅしょう》義《ぎ》』の中で次のように述べています。

「無常が訪れ、死に至る時には国王、大臣、従僕、妻子、珍宝……誰も助けてくれない。ただ独りあの世に行くのみである。その際、自分とともにあの世に行くのはこの世で行った善業悪業だけである。この因果の法則を知らず、善業悪業の結果がどうなるかを知らず、過去、現在、未来という三世のあることも知らない、さらに善悪もわきまえない人間と付き合ってはいけない。因果の法則は歴然としていて、自分の希望や願いなどには関係がない。良いことをした人には良い運が来るし、悪いことをした人は不幸になる。この因果の法則がなければ、釈尊の教えもないのだ。善悪の報いは現れ方に三種ある。この世でやったことがこの世で報いを受けること、この世でやったことは次の世で報われること、さらにその次の世で報われることもある」

道元禅師はさらに「悪をつくりながら悪にあらずと思い、悪の報いがないと思うのは邪思惟で、悪の報いを受けないということではない」とも述べているのです。

このように考えると晩年こそ心を磨くもっとも良い時期だと考え、やっと暇になった今をただ空しく過ごさないようにするのが大事だと、私は思えてくるのです。

こう考える人もいるでしょう。晩年の短い期間にいくら徳を積む努力をしても、過去世、現世の過去において悪をくり返していた場合には、とても善業を増すなどということは望めない、どうせあの世で悪業に苦しむだけだと。しかし、それは間違いだと仏教は教えてくれています。

つまり仏教の因小果大の教え。これは一粒の種から何千、何万の米の実ができるように、小さな因も縁の与え方で大きな果になるという教えです。縁の中でもっとも大事なのは心の持ち方です。慈悲の心を持って行いをすれば、大きな結果が得られる。この因果の法則を信じて、大きな結果が得られる。これを「浄信」と言いますが、たとえ晩年のわずかな期間であろうとこういう心の持ち方で過ごせば、きっと結果はついてくると、私は思うのです。

道元禅師は「浄信一現するとき、自他同じく転ぜらるるなり」と言っています。清らかな信心の心を持つことは、自分を変え、他人を変えてしまうというのです。つまり、心の持ち方ひとつが運勢を変えてしまう。これは当然のことなのです。

多くの人は祈りやお告げといったもので、即座に苦しみから逃れたいと思います。このような人に因果の法則を述べ、毎日の努力で運命を変えることができるなどと言っても、いつになったら苦から逃れることができるのか、と思うことでしょう。まして時間が残されていない晩年にこれを言われても空しさを感じると思います。

しかし、そうでもありません。因果の法則に基づいて努力することは、少しの元手で利息を増やそうというのと同じで、心を込めて行うなら、思いがけず早く良い結果を得ることもできます。人間は誰でも神や仏と同じ心を持っていて、心の持ち方次第でその財宝を自由に取り出すことができる。とくに中高年に差し掛かったら、そのことを信じ、日々を過ごしてください。

最後は、良い師を選ぶこと。これは私も（自分にとって）間違った師を選んだことで、本当に苦しんだ経験があります。たとえ多くの信者を抱える有名な師がいたとしても、自分に合うかどうかはわかりません。実際に指導を受けて、自分にしっくりくるかどうかを確かめる必要があります。

禅や止観など仏教の教えを受ける場合、ある段階で師はかならず「自分の教えを信じるかどうか、自分を信じるなら今までのすべての知識、智慧を捨てなさい」という時期がきます。もし、あなたが本気で心の修行をしようとするなら、この時の判断がもっとも大事です。

この判断を誤って自分に合わない教えに身を任せてしまうと、下手をすると精神病的な状態に追い込まれてしまうこともあります。ですから、そこは本を読んだりしてある程度、心の修行ができてからのほうが賢明でしょう。

この本でお伝えした通り、心と体は密接です。心が病的な状態に陥ると、必ずそれは体に悪影響をもたらします。

とくにグレーゾーンも含めた発達障害、あるいはＨＳＰなど不安、うつ状態に陥りやすい人は、何かにのめり込むのが強い傾向にありますから、気をつけてください。

この本を読んでいただいたすべての方の心と体が、少しでも健やかになることを願っています。

装丁◉原田恵都子（Harada + Harada）
カバー挿画◉福田玲子
本文デザイン・DTP・図版◉桜井勝志
編集協力◉松山久
編集◉飯田健之

発達障害とHSPと腸内細菌

2023年8月7日　第1版第1刷

著　者　高田明和
発行者　伊藤岳人
発行所　株式会社 廣済堂出版
〒101-0052　東京都千代田区神田小川町2-3-13　M&Cビル7F
電話　03-6703-0964（編集）
03-6703-0962（販売）
FAX　03-6703-0963（販売）
振替　00180-0-164137
URL　https://www.kosaido-pub.co.jp/

印刷所
製本所　株式会社 暁印刷

ISBN 978-4-331-52398-8　C0095